墨香会计学术文库

兼顾公平与效率的企业增值额分配研究

The Research on Firm's Value Added Allocation Balancing Fairness and Efficiency

● 黄世英 宋宏丹 著 ●

东北财经大学出版社
Dongbei University of Finance & Economics Press
大连

图书在版编目（CIP）数据

兼顾公平与效率的企业增值额分配研究 / 黄世英，宋宏丹著. —大连：东北财经大学出版社，2016.11
（墨香会计学术文库）
ISBN 978-7-5654-2570-7

Ⅰ.兼… Ⅱ.①黄… ②宋… Ⅲ.企业-增值税-研究-中国 Ⅳ.F812.424

中国版本图书馆CIP数据核字（2016）第282923号

东北财经大学出版社出版
(大连市黑石礁尖山街217号 邮政编码 116025)
网 址：http：//www.dufep.cn
读者信箱：dufep@dufe.edu.cn
大连理工印刷有限公司印刷 东北财经大学出版社发行

幅面尺寸：148mm×210mm 字数：166千字 印张：5.75 插页：1

2016年11月第1版 2016年11月第1次印刷

责任编辑：王 莹 孙冰洁 责任校对：惠恩乐 那 欣
封面设计：张智波 版式设计：钟福建

定价：30.00元

教学支持 售后服务 联系电话：（0411）84710309

如有印装质量问题，请联系营销部：（0411）84710711

前 言

增值额不仅仅是一个收益指标，更重要的是反映了一种新的分配观念，它将劳动者与所有者置于平等地位。增值额分配问题一直是学术界和实务界所关注的热点，学者们一直在探寻如何能兼顾公平和效率对增值额进行分配。对增值额进行分析研究，既有利于促进企业资源优化配置，提高企业经济效益，又有利于揭示利益相关者的分配情况，调动利益分配各方积极性，提高分配公平性。在借鉴国内外学者大量的研究成果及方法的基础上，本书对我国经济发展中的企业财富分配问题进行理论分析，从公平和效率两个方面，对国有上市公司和非国有上市公司的增值额分配与公平的关系、增值额分配与效率的关系以及兼顾公平与效率的增值额分配进行实证研究，为在微观层面研究企业在一定时期内的生产经营成果如何分配提供数据支撑，为企业制定分配政策提供科学依据。

本书关注的核心问题是在兼顾公平和效率的基础上研究我国企业增值额分配特征以及分配规律，围绕这一核心问题主要从以下四个方面着手：第一，我国上市公司增值额分配比率特征实证研究。本部分通过选取 A 股上市公司 3 176 个观察样本，首先对各样本的增值额分配比率进行了计量，对其进行正态分布检验时发现我国上市公司的增值额分配比率数据并不完全符合正态分布规律，随即运用 Box-Cox 变换进行正态化处理，分析我国上市公司增值额分配比率的行业差异、产权差异和区域差异，为后续的实证分析奠定了坚实的基础。第二，增值额分配比率与公平关系的典型相关分析。本部分以政府报酬率、员工报酬率、债权人报酬率、股东报酬率和企业留存率构成增值额分配比率组，以政府公平系数、员工公平系数、债权人公平系数、股东公平系数和企业公平系数构成公平系数组，采用 SAS 9.2 统计分析软件中的 Cancorr 过程，分别对非国有上市公司和国有上市公司样本的两组对应数据进行典型相关分析，发现了增值额分配比率与公平的关系。第三，增值额分配比率与效率关系的典型相关分析。本部分以政府报酬率、员工报酬率、债权人报酬率、股东报酬率和企业留存率构成增值额分配比率组，以财政贡献率、全员劳动生产率、财务费用率、投入资本回报率和可持续增长率构成效率系数组，采用 SAS 9.2 统计分析软件中的 Cancorr 过程，分别对非国有上市公司和国有上市公司样本的两组对应数据进行典型相关分析，发现了增值额分配比率与效率的关系。第四，兼顾公平和效率的增值额分配实证研究。本部分采用主成分分析法对企业分配的公平系数和效率系数进行拟合，通过构建考察兼顾公平和效率的增值额分配检验模型，采用 OLS 回归分析的方法检验了非国有上市公司和国有上市公司兼顾公平和效率的增值额分配问题。

本书共分为 7 章：第 1 章为绪论，介绍本书选题的背景及研究意义、研究内容与技术路线；第 2 章为相关概念及理论概述，围绕着企业增值额、公平和效率等关键字进行概念界定和理论概述；第 3 章为我国上市公司增值额分配比率特征的实证分析，对我国上市公司增值额分配比率进行 Box-Cox 变换，分析增值额分配比率的行业差异、产权差异和区域差异；第 4 章为基于典型相关分析的增值额分配比率与公平之间的关系研究，采用典型相关分析对我国非国有上市公司和国有上市公司的增值额分配比率与公平的关系进行分析；第 5 章为基于典型相关分析的增值额分配比率与效率之间的关系研究，采用典型相关分析对我国非国有上市公司和国有上市公司增值额分配比率与效率的关系进行分析；第 6 章为兼顾公平与效率的增值额分配比率的实证研究，构建了考察兼顾公平和效率的增值额分配模型，采用回归模型检验了兼顾公平和效率的增值额分配关系；第 7 章为研究的结论与展望，论述了本书的主要研究结论，提炼了本书的创新点，并对后续的研究进行了展望。

主要研究结论如下：

（1）实证分析结果发现，我国上市公司增值额分配比率存在着显著的行业差异、产权差异和区域差异。对我国上市公司的增值额分配比率进行的行业、产权和区域差异比较发现：增值额分配比率在行业间的差异可以归类成“建筑业、制造业和批发零售业”“煤气电力业和房地产业”“交通运输业、信息技术业、采掘业和农林牧渔业”等三大类之间的差异，基于 Kruskal-Wallis H 非参数检验和对应分析，我国上市公司行业间的增值额分配比率存在显著的差异；基于组间均值比较分析，我国非国有上市公司和国有上市公司的增值额分配比率存在显著的差异，非国有上市公司的政府报酬率、债权人报酬率和企业留存率均高于国有上市公司对应的比率，而其员工报酬率和股东报酬率则低于国有上市公司对应的比率，增值额分配比率在产权间的差异显著；根据二维因子载荷图，区域间的差异可以分成“西北地区和西南地区”“东北地区、中部地区和环渤海地区”“东南地区”等之间的差异，基于 Kruskal-Wallis H 非参数检验和对应分析，我国六大区域的上市公司的增值额分配比率之间存在着显著的差异；基于差异视角，对不同行业、不同产权和不同区域的上市公司增值额分配比率的特征进行了分析，拓展了增值额分配研究的外延，是对增值额分配研究的有益补充。

（2）基于产权差异视角，运用典型相关分析方法分别对非国有上市公司和国有上市公司的增值额分配比率与公平之间的关系进行了研究。采用我国 A 股上市公司的数据，在细分企业产权性质的基础上，运用典型相关分析方法分别对非国有上市公司和国有上市公司的增值额分配比率与公平之间的关系进行了研究。研究发现：一方面，非国有上市公司的政府报酬率、员工报酬率、债权人报酬率均与典型变量之间高度正相关，股东报酬率与典型变量之间高度负相关，而企业留存率与典型变量之间关系不显著；另一方面，国有上市公司的债权人报酬率和股东报酬率均与典型变量之间高度正相关，政府报酬率与典型变量之间高度负相关，而员工报酬率和企业留存率却与典型变量之间关系不显著。

（3）基于产权差异视角，运用典型相关分析发现产权性质是影响我国企业增值额分配比率与效率之间关系的重要因素。基于产权性质的差异，本书采用典型相关分析对我国上市公司的增值额分配比率与效率之间的关系进行了分析，研究发现：一方面，非国有上市公司的债权人报酬率、员工报酬率和政府报酬率均与典型变量之间高度正相关，而股东报酬率和企业留存率却与典型变量之间关系不显著；另一方面，国有上市公司的债权人报酬率和员工报酬率与典型变量之间高度正相关，股东报酬率与典型变量之间高度负相关，而政府报酬率和企业留存率却与典型变量之间关系不显著。

（4）构建了兼顾公平和效率的上市公司增值额分配检验模型，探析了我国上市公司兼顾公平与效率的行为与增值额分配的关系。通过构建兼顾公平与效率的上市公司增值额分配检验模型，采用 OLS 回归分析发现：在非国有上市公司中，政府报酬率、员工报酬率和股东报酬率均与兼顾公平、效率的交叉变量之间呈显著正相关关系，企业留存率与交叉变量之间呈显著负相关关系，而债权人报酬率与交叉变量之间的相关关系并不显著；在国有上市公司中，政府报酬率、债权人报酬率、股东报酬率和企业留存率均与兼顾公平、效率的交叉变量之间呈显著正相关关系，员工报酬率与交叉变量之间呈显著负相关关系。上述针对不同产权性质的上市公司增值额分配的实证分析结果，有利于为上市公司科学合理地进行增值额分配提供新的思路和策略。

本书立足于中国基本国情，从企业微观层面出发，重点研究上市公司的增值额分配问题，寻找我国上市公司增值额分配的特征，探讨上市公司增值额分配比率与公平、效率的内在关系，构建了兼顾公平与效率的上市公司增值额分配检验模型，揭示了产权性质各异的上市公司兼顾公平与效率时进行增值额分配的机理。本书对企业制定分配政策有着重要的启示，对协调各方利益相关者之间的利益有重要帮助，有利于增强我国企业对增值额分配的公平与效率的意识；有利于资源优化配置和利益的公平分配，进一步强化可兼顾公平与效率的使企业增值额最大化的目标，确保我国初次分配的公平性；对增值额分配的公平与效率研究，可促使利益相关者更好地履行职责，并有利于推动我国财务管理中分配理论的创新，最终有利于推动企业的长远发展，有利于初次分配的公平性决策。

本书由黄世英和宋宏丹共同撰写，黄世英负责总体框架设计和最后的校对，黄世英和宋宏丹各完成半数的具体研究内容。本书是作者多年来围绕增值额研究的一个阶段性的总结，提出了兼顾公平和效率的增值额分配方案。本书从最初的选题到最后的定稿历时 5 年多，最终能在东北财经大学出版社的支持下出版，激动之情难以言喻。

黄世英

2016 年 9 月

目 录

1 绪 论

1.1 问题的提出

分配问题一直是经济学家不断探究的重要问题，我国学者王化成（1998）在他的博士论文中提出：从西方的财务管理来看，他们研究的分配对象是税后利润，而王化成认为企业分配的对象应是企业新创造的价值，进而提出了广义分配理论——既要研究企业与劳动者（员工）之间的关系，又要研究企业与资金提供者（股东和债权人）之间的关系，还要研究企业与公共服务提供者（政府）之间的关系。20世纪70年代以来，英国、德国、法国等西方发达国家的企业为了满足企业员工与政府利益的需要，逐渐加强了对增值额的分析，这引起了世界各国的广泛关注。增值额（新创造价值）不仅仅是一个收益指标，更重要的是它还反映了一种新的分配观念，它将劳动者与所有者置于平等地位，是一种对企业利润分配的重新认识。增值额的分配，从构成上看，应有利于促进企业资源优化配置，提高企业经济效益；从分配上看，应有利于揭示利益相关者的分配情况，调动利益分配各方积极性（特别是员工的积极性），提高分配公平性。

当今，我国社会主义市场经济发达，要素在市场上有很高的流动性，而且对产出和投入的关系极为敏感，不同的主体都怀着各自的目的进入企业，比如股东是为了使投资的资本能得到最大的增值，员工希望获得工资及福利最大化，债权人则希望获取更多的利息和租金，企业管理者则希望能留存大量的利润以此来预防风险，而另一方面国家为了获取高额的税收而希望企业营业收入及税前利润最大化，这些企业的利益相关者之间必然存在着矛盾，总是试图寻找增值额分配最佳的平衡点。

由此产生了以“个人利益本位论”为基础的“企业契约论”，它很好地解释了企业中的利益关系。企业契约论认为，债权人、股东、管理人员、员工之间都签有契约，契约规定了企业活动创造的经济利益的分割，而并不认为企业仅仅只是业主的企业。其中，由契约产生的分配关系所提及的经济利益就是增值额。

目前我国关于增值额分配的研究尚处于起步阶段，研究成果较少，而且其中大部分学者只是对增值表编制有关问题进行探讨，以及对增值表与利润表进行比较和对增值额的计算内容进行讨论。企业增值额在利益相关者之间是如何分配的？目前的增值额分配状况与企业分配公平和效率是什么关系？学者们尚未对这些问题进行解答。特别是十一届三中全会以来，我国市场经济的发展，极大地促进了经济增长，但是效率优先、兼顾公平的策略造成了我国贫富差距的加大，对经济产生了一定的负面影响。因此，我国在十七大报告中提出了兼顾效率与公平的理论，确保社会实现又好又快的发展。增值额分配的研究有利于为企业的公平和效率理论做出贡献，有利于丰富企业的财务管理内容，有利于为增值会计核算和管理相结合提供依据。

1.2 研究意义

增值额是公司实体和其雇员共同努力创造的财富。企业创造的财富如何分配才公平且有效率？随着企业所得税税率由33%下降为25%，我国企业的税负会进一步下降。政府所得及其占增值额的比重的合理尺度是多少？债权人所得占增值额的比例是否合理，决定了企业的生存和发展的风险大小。本年留存收益占增值额比例多少，才能体现社会分配的均衡，才能实现企业的目标——生存、发展和获利？如何实现并维持这个目标？只有在利益相关者各方都满意的前提下，企业才能做到这一点。公平和效率是社会存在和发展中重要的问题，我国现阶段生产力水平高度发展，而社会公平和效率的问题也日益成为政府、企业和学术界所重点关注的问题。国家已经从宏观层面上出台了“西部大开发”“振兴东北老工业基地”“完善社会保障”等一系列政策措施，以此来调节优化资源配置和利益的公平分配，达到兼顾公平和效率的目标。本书从企业微观层面出发，重点研究企业领域的增值额分配问题，发现我国企业兼顾公平和效率时的增值额分配的特征，对企业制定分配政策有着重要的启示，对协调各方利益相关者之间的利益有重要帮助，最终有利于推动企业的长远发展，有利于初次分配的公平性决策。本书的理论意义及现实意义包括：

（1）有利于增强我国企业对增值额分配的公平与效率的意识。

（2）有利于资源优化配置和利益的公平分配，进一步强化可兼顾公平与效率的使企业增值额最大化的目标，确保我国初次分配的公平性。

（3）可促使利益相关者更好地履行职责，并有利于推动我国财务管理中的分配理论的创新。

1.3 研究内容与技术路线

1.3.1 研究内容

本书所研究的核心问题是在兼顾公平和效率的基础上研究我国企业增值额分配特征以及分配规律，围绕这一核心问题本书主要从以下四个方面进行了研究：

（1）我国上市公司增值额分配比率特征实证研究。本部分通过选取A股上市公司3 176个观察样本，首先对各样本的增值额分配比率进行了计量，对其进行正态分布检验时发现我国上市公司的增值额分配比率数据并不完全符合正态分布规律，随即运用了Box-Cox变换进行了正态化处理，最后分析了我国上市公司增值额分配比率的行业差异、产权差异和区域差异，为后续的实证分析奠定了坚实的基础。

（2）增值额分配比率与公平关系的典型相关分析。本部分以政府报酬率、员工报酬率、债权人报酬率、股东报酬率和企业留存率构成增值额分配比率组，以政府公平系数、员工公平系数、债权人公平系数、股东公平系数和企业公平系数构成公平系数组，采用SAS9.2统计分析软件中的Cancorr过程，分别对非国有上市公司和国有上市公司样本的两组对应数据进行了典型相关分析，发现了增值额分配比率与公平的关系。

（3）增值额分配比率与效率关系的典型相关分析。本部分以政府报酬率、员工报酬率、债权人报酬率、股东报酬率和企业留存率构成增值额分配比率组，以财政贡献率、全员劳动生产率、财务费用率、投入资本回报率和可持续增长率构成效率系数组，采用 SAS9.2 统计分析软件中的 Cancorr 过程，分别对非国有上市公司和国有上市公司样本的两组对应数据进行了典型相关分析，发现了增值额分配比率与效率的关系。

（4）兼顾公平和效率的增值额分配实证研究。本部分采用主成分分析法对企业分配的公平系数和效率系数进行了拟合，通过构建考察兼顾公平和效率的增值额分配检验模型，采用 OLS 回归分析的方法检验了非国有上市公司和国有上市公司兼顾公平和效率的增值额分配问题。

本书围绕上述研究问题共设置 7 章，各章的内容如下：

第 1 章，绪论。该部分介绍了本书选题的背景及研究意义、研究内容与技术路线。

第 2 章，相关概念及理论概述。该部分围绕着增值额、公平和效率等关键字进行了概念界定和理论的概述。

第 3 章，我国上市公司增值额分配比率特征的实证分析。该部分对我国上市公司增值额分配比率进行 Box-Cox 变换，分析了增值额分配比率的行业差异、产权差异和区域差异。

第 4 章，基于典型相关分析的增值额分配比率与公平之间的关系研究。该部分采用典型相关分析对我国上市公司增值额分配比率与公平的关系进行了分析。

第 5 章，基于典型相关分析的增值额分配比率与效率之间的关系研究。该部分采用典型相关分析对我国上市公司增值额分配比率与效率的关系进行了分析。

第 6 章，兼顾公平与效率的增值额分配比率实证研究。该部分构建了考察兼顾公平和效率的增值额分配模型，通过回归分析的方法检验了如何兼顾公平和效率对增值额进行合理分配。

第 7 章，研究的结论与展望。该部分论述了本书的主要研究结论，提炼了本书的创新点，并对后续的研究进行了展望。

1.3.2 技术路线（如图 1-1 所示）

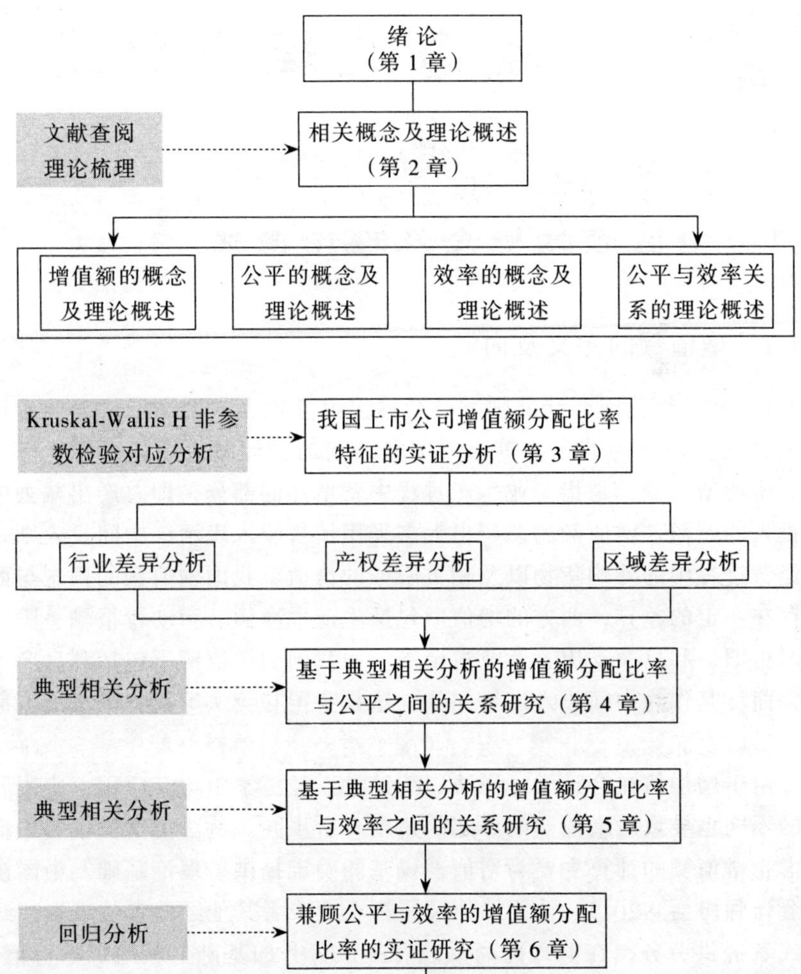

图 1-1 本书的技术路线图

2 相关概念及理论概述

2.1 增值额的概念及理论概述

2.1.1 增值额的定义及内涵

自 1975 年英国会计准则委员会提出财务报表中增加增值表的建议以来，增值额成为英、法等西方国家编制的会计报表中的重要指标之一。所谓增值额，是指企业生产过程中新增加的部分，即总产出减去中间投入的差额。增值额的总产出大多采用销售收入表示，中间投入则是指经营过程中的外购货物以及相关服务的价值。我国增值额的概念与西方存在一定的差异，西方的增值额包括生产税净额、劳动者报酬、固定资产折旧、利息净支出、营业盈余等。而我国的增值额不包括利息净支出，而将其作为中间投入进行扣除，这是我国与英法等西方国家增值额的主要区别。

由于增加值在会计学、税法、统计学、经济学中均有应用，应用原则的不同也导致对增值额的界定的角度有所不同。从法定增值额的角度考虑，增值额的计算主要为增值税税基的确定提供了理论基础。中国注册会计师协会（2011）认为增值额是指企业或者其他经营者从事生产经营或者提供劳务，在购入的商品或者提供劳务的基础上新增加的价值。张清亮和金鑫（1994）在分析增值税税基时认为增值额是企业在生产经营过程中增加的价值额，即企业产品（或者商品）销售收入扣除企业生产所消耗的外购原材料、低值易耗品、燃料、动力、包装物和为生产应税产品所支付的委托加工费等金额后的余额。就增值额在税法中的实际应用，目前我国采用的是消费性增值税，将购置物质资料的价值和用于生产、经营的固定资产所含有的增值税进项税款一次扣除。因为，对一国国内的新增价值征收的税是增值税，其对全部纳税人实行完全的进项抵扣。平新乔等（2009）认为，增值税的抵扣与返还链必须是不中断的是这个原则的实施前提，以保证增值税的负担会落到最终消费品上去。从会计学的角度考虑，增值额的计算主要从各个利益相关者的角度进行考虑，相关学者认为企业经营成果由企业股东、债权人、员工、政府等享有的部分均属于增值额的部分，增值额在会计上的应用也将除股东以外的员工、债权人、政府等其他利益相关者的利益与股东的利益置于平等地位。例如马丽（2003）认为增值会计是以增值额为核算对象，增值额的部分包括股东、债权人、员工和政府的分配总额。从统计学的角度考虑，增值额主要是为了将所有企业的增加值相加，得出经济总体增加值，其概念与国民生产总值类似。根据是否计算固定资产累计折旧又区分总增加值和净增加值。后者不包括固定资产累计折旧，而前者包括固定资产累计折旧。例如，具体到金融行业，其增值额则是在一定时期内整个国民经济体系中所有金融业部门提供金融服务所创造的国民财富的价值总量。一个相关的派生概念是金融业增加值占 GDP 的比重，简称“金融业增加值比重”。金融业的绝对规模由“金融业增加值”体现，而金融业的相对规模由“金融业增加值比重”体现，二者分别从绝对量和相对量核算了整个金融业的增值额数量。从经济学角度考虑，根据马克思主义劳动价值论，增值额的部分应等于商品价值 C+V+M 中的 V+M 部分（C 是指物化转移价值，V 是活劳动价值，M 是剩余价值）。

增值也称“增加价值”或“附加价值”，就是把智力和技术结合起来，开发一定的资源，创造出产品或劳务，从而在价值上获得的增益（张文贤和邵强进，2001）。增值的多少称为“增值额”。增值概念的提出一开始是为了缓解劳资矛盾，将所有者与劳动者置于同一层次进行分配，以便按照增值额的多少对劳动者进行绩效评估。更深一步来看，主要是由于社会生产的发展，并不是只有财务资本才是现在企业价值增值的源泉，企业越来越依赖于诸如各种专利技术、企业的商誉、人力资本等财务报表以外的非财务因素，而且这些都是企业价值增值的重要资源。陆庆平（2006）从社会责任的角度，认为企业的利益主体包括企业所有者、企业债权人、企业职工、政府等。现代企业是多边契约关系的总和，不同于传统企业。股东、债权人、职工和政府都要承担风险，企业经营变故将影响到社会、资源、环境、稳定等各个方面。企业增值额的最大化就是最大限度地实现各利益集团的目标。也就是说，企业关注各个利益主体的目标就是关注企业总价值的不断增长。因此从企业角度来讲，企业需要各种生产要素的投入，需要投资者、债权人、职工进入企业。

综上所述，增值额（Value-Added）是指一个企业经济活动所获得的收入（一般以销售收入表示），减去为进行生产经营活动而购买商品和取得劳务所发生的对外支出，之后的剩余部分，即企业新创造的价值，包括职工工资、税金、股利、利息和企业本期留存收益。

本书采用直接计算法下的增值额含义：将企业经营活动中产生的各部分的增加值进行直接相加的总额。从财务角度考虑，增值额主要是股东、债权人、员工、企业、政府等利益相关者的分配总额。其增值额计算公式可表示为：

增值额=员工分配金额+债权人分配金额+政府分配金额+股东分配金额+本期留存收益

该定义体现了商品价值 C+V+M 中的 V+M 部分。

2.1.2 增值额的度量

关于增值额的计算方法，Gray 和 Maunders（1980）、楼土明（1996）等国内外众多学者作了有益的尝试，但是并未取得共识。综合现阶段国内外学术界和理论界对增加值的衡量标准，增值额的衡量方法主要分为直接计算法和扣除法。

（1）直接计算法

直接计算法下，增值额是指将企业经营活动中产生的各部分的增加值进行直接相加的总额。从财务角度考虑，增值额主要是股东、债权人、员工、政府等利益相关者的分配总额。其增值额计算公式可表示为：

$$增值额=\frac{员工分配}{金额}+\frac{债权人分配}{金额}+\frac{政府分配}{金额}+\frac{股东分配}{金额}+\frac{本期留存}{收益} \quad (2.1)$$

该公式表明企业在经营过程中，增值额的部分不再仅仅局限于股东的所有者权益部分本年增加的多少，而是综合考虑在企业经营过程中为企业做出贡献的利益相关者的利益。其中股东和债权人因投放资金获得资本利得，员工因提供劳动获得劳动补偿，政府为企业提供稳定安全的环境得到相关税费。

此外，在直接计算法下，增值额的计算方法并非仅此一种。比如，在增值税的核算中，中国注册会计师协会认为增值额部分应当反映生产经营活动新创造的价值，其增值额计算公式应表示为：

增值额 = 工资+利息+租金+利润+其他增值项目 (2.2)

从统计学的角度考虑，增值额的核算主要用于计算国内生产总值，其增值额计算公式应表示为：

增值额=生产要素的收入+非生产要素的收入

=工资+利息+利润+租金+间接税和企业转移支付+折旧 (2.3)

从马克思主义政治经济学的劳动价值论出发，增值额的核算公式可表示为：

增值额=V+M (2.4)

式中：V——劳动创造出的价值；

M——剩余价值。

（2）扣除法

扣除法下，增值额主要通过产出总额减去中间投入得出。在该方法下，增值额计算公式可以表示为：

$$VA=O-I \quad (2.5)$$

式中：VA——增值额；

O——产出；

I——投入。

增值额在扣除法下主要是产出与投入的差额。从会计学的角度考虑，增值额为收入总额减去在经济活动中耗用的外购材料、零部件、组件、商品、动力以及各种劳务的支出，用公式可表示为：

增值额=销售金额-非增值项目金额

=销售收入-外购材料和劳务的支出-折旧 (2.6)

需要说明的是，尽管增值额的含义大致相同，但由于增值额的应用和计算原则不同，也可能造成不同衡量标准下的增值额的计算结果的不同。例如，对折旧金额的处理，税法中在消费性增值税下计算增值额时采用购进的生产型固定资产作为非增值项目一次进行抵扣；会计中在计算增值额时则按购进后的固定资产的每年的摊销额作为非增值项目进行抵扣；经济学中在统计 GDP 计算增值额时折旧额作为增值项目计算在增值额中。

由公式可以看出增值额是一个比净收入更广泛的衡量企业业绩的工具，这两种计算增值额的方法揭示了增值额概念的特色内容，它可以分割成业绩和社会两个方面的视角。业绩方面是用消减的方法来衡量的，而社会方面则是通过增值的方法来衡量的。虽然针对增值额学术界提供了相当广泛和简单的概念，但是在许多文献和实践中发现的增值额的定义，则是根据其具体用途不同而有所不同的。这些定义的不同是由计算增值额时各个项目的特定的分类和内容或范围的不同所造成的。关于增值额的计算方法，国内外众多学者作了有益的尝试，但是并未取得共识。

国内众多学者呼吁政府建立增值额分配披露制度。陈新宇（2005）指出随着市场经济的确立，企业的社会效益日益突出，这就必然要求企业对外披露增值额信息。他同时建议，将国外成功的经验与我国具体国情相结合，编制有中国特色的增值表。时薛原（2005）认为增值表作为财务报告体系发展的一种新形式在我国还没有得到重视和推广，但这是一种世界发展趋势，我们有必要对我国企业编制“增值表”的一些相关问题进行深入探讨。

增值表的编制方法有总增值法与净增值法。

总增值法认为，企业当期的增值额等于企业当期的销售收入减去当期所耗费的购货成本后的余额。用公式表示为：

增值额=销售收入-外购材料和劳务的支出 + 投资收益 + 营业外净收入

= 折旧 + 工资 + 利息 + 税金 + 股利 + 留存收益

净增值法认为，企业当期的增值额等于企业当期的销售收入减去当期所耗费的购货成本和劳务支出后，再扣除当期应计提折旧后的余额。用公式表示为：

增值额=销售收入-外购材料和劳务的支出-折旧+投资收益+营业外净收入

=工资+利息+税金+股利+留存收益

可见，总增值法与净增值法的主要区别在于是否将折旧计入增值额。赵丽萍（2002）、牟文华（2006）等学者认为，净增值法在增值表的编制和信息披露方面比总增值法更科学、合理，更具有优越性，更有利于企业各利益相关者的长远发展。净增值法下，增值额的概念符合经济学中收益的定义和会计中的配比原则、一致性原则，更有利于企业生产经营决策的制定，为企业确定生产效率奖酬提供了合理的依据。郭廷巍（2001）还指出净增值法考虑了企业资本的变化，有利于企业制定出正确的生产经营决策，更符合契约理论对现代企业所下——企业是“利益集团集合体”——的定义。

2.1.3 增值额与经济增加值及 GDP 的区别与联系

（1）增值额与经济增加值的区别和联系

经济增加值（Economic Value Added，EVA）的思想最早产生于 20 世纪 60 年代中期，约尔·斯特恩在默顿·米勒、弗兰科·莫迪利安尼、威廉·夏普等人的金融学公司估价的经济原则的基础上，提出并向实业界推广简单、应用方便的现金流量最大化（不是每股盈利，即 EPS，该原则当时的认可度高、应用广泛）。斯图尔特 80 年代与可口可乐公司合作，在该过程中完善了斯特恩的想法，提出并在实践经济价值创造理念中获得了成功。之后，EVA 方法进一步得到完善并被广泛应用，EVA 被用来作为上市公司的价值创造能力的衡量指标，取得了非常好的效果。它是最早由美国著名的咨询公司 Stern Stewart 于 20 世纪 90 年代开发的一种新的价值评价方法，EVA 方法的目的在于使股东价值最大化。EVA 方法的核心思想是：“任何资本的使用都是有代价的，一个企业只有在其资本收益超过所投入资本的全部成本（债务成本和股权股成本）时，才可谓真正创造了价值。”具体来说，经济增加值是在考虑企业经营者为股东创造财富的多少的前提下，为了真实反映经营者通过生产经营创造的新增股东价值，维护所有者利益，在考虑了资本成本的基础上，把会计利润调整为经济利润。

从算术角度说，EVA 等于公司税后净营业利润与全部资本成本之间的差额，是所有成本被扣除后的剩余收入。其中，资本成本包括债务资本的成本，也包括股本资本的成本。用公式表示为：

经济增加值=税后净营业利润-资本成本

=税后净营业利润-（调整后资本×加权平均资本成本率） (2.7)

也可表述为：

$$EVA = R_p - C \times K_{WACC} \tag{2.8}$$

式中：R_p——税后净营业利润；

C——调整后资本；

K_{WACC}——加权平均资本成本率。

EVA 真正评价了企业的“经济利润”（杨兰昆和李湛（2000）、刘运国和陈国菲（2007）），它是以价值为基础的管理需求和以会计为基础的相关数据的有机结合，是企业的投资资本收益超出加权平均资本成本部分的价值，或者说是根据加权平均资本成本率把未来现金流量折现后的大于零的部分。

从增值额与经济增加值的含义可以看出，二者都反映了企业真正创造的价值，是对传统意义的会计利润的补充。但二者还有一定的区别。经济增加值方法采用除去非经营因素和核算资本费用等会计扭曲的方法，考虑了资本投入与产出效益，衡量了企业投入资本所创造的效益。从 EVA 的计算公式（2.8）可以看出，股东价值（税后净营业利润可以代表股东价值）与 EVA 的增减方向一致。因此使股东价值最大化是增加 EVA 的最好方法。此外，以经济增加值原理为基础的业绩评价方法全面地考虑了企业的资本成本，避免了会计利润存在的局限性。而增值额方法则是按照生产要素的贡献来分配企业新创造的价值（即增值额）。它考虑到了包括员工、政府等在内的企业各利益相关者的利益。根据其定义和计算方法不难发现，增值额不仅反映了企业新增加价值的多少，还反映出这些价值的分配状况。由此可见，增值额与经济增加值的侧重点是有区别的。前者综合、全面地反映企业新增价值的分配；后者则强调了股东的利益，是在利润的基础上计算的，并不能反映出增加值的分配状况。

总之，增值额和经济增加值主要有以下不同之处：①角度不同。对经济增加值进行衡量主要站在公司角度上，它是将公司作为一个单独的主体计算公司经营的最终剩余收益；对增值额进行衡量则从利益相关者的角度出发，衡量公司在经营过程中为利益相关者创造的利益总额。②含义和计算结果不同。经济增加值的计算是扣除包括股东资本成本在内的所有成本，得出公司的剩余收益；增值额的计算是产出总额减去中间投入，计算企业实现增值部分。从数额上看，经济增加值的计算范围要远远小于增值额的计算范围，经济增加值属于增值额的一部分。③目的不同。经济增加值的计算是为了考核企业的经营业绩，考核公司在发展过程中除去所有成本后作为独立的法人主体不断积累和发展的程度；增值额则更多反映企业是否更好地承担了社会责任，是否兼顾了利益相关者的利益。

但是，二者也存在一定的联系。尽管二者数额和增值范围不同，但增值额和经济增加值都是反映企业经营过程中获得的增值部分，并且增值额包含经济增加值，经济增加值的增加有利于增值额的提高。增值额越高，对利益相关者分配越有效的企业，往往其经济增加值也越大。

（2）增值额与GDP的区别和联系

国内生产总值（GDP）是指一定时期内，一个国家或地区的经济中所生产出的全部最终产品和提供劳务的市场价值的总值。在核算方法上主要有支出法和收入法。支出法主要核算一个国家或地区在一定时期内居民消费、企业投资、政府购买和净出口这几方面支出的总和。收入法下则认为应把生产要素在生产中所得到的各种收入相加来计算得出GDP，即把劳动者所得到的工资、土地所有者所得到的地租、资本所有者所得到的利得以及企业家才能得到的利润相加起来计算GDP。

增值额和GDP既有区别又有联系，GDP的应用是反映整个社会生产经营的增值额，是经济学和统计学中增值额的应用。但同时，二者又存在一定的差异，增值额可以应用在会计、税法、经济、统计等各个领域，应用于不同的领域时，其计算公式也有所不同，它既可以应用于宏观层面，也可以应用于微观层面。但国内生产总值（GDP）仅仅是指宏观经济学下整个国家或区域的生产总值。

2.1.4 增值额分配的理论概述

从微观角度考虑财富分配，主要是对股东、员工、债权人、政府以及企业这几大利益主体之间分配的效率和效果的研究。对各个利益相关者进行分配的比例取决于企业的财务目标以及企业的治理模式。股利政策的成本和收益由股利政策决策者的控股股东权衡，不同性质的控股股东对税收成本的关注程度存在显著差异：由于税利分离程度较高，民营控股股东对现金股利更为敏感，尤其是在自然人直接控股的上市公司更是如此。自然人控股公司最不偏好采用现金股利的分配方式以规避税收成本，而国有控股公司更倾向于发放较高的现金股利。不同产权影响上市公司的股利政策。在学术界，公司的治理模式有多种分类方式，其中最典型的两种分类方式是将公司治理模式分为股东利益至上模式和利益相关者价值模式、单边治理模式和共同治理模式。

股东利益至上模式源于“股东利益最大化”的经营理念，是目前大多数企业所采用的治理模式，其认为公司治理应当将股东作为核心，公司是股东的组织，企业的一切经营决策应当围绕股东展开。利益相关者价值模式是基于“利益相关者价值最大化”的理念，其认为随着社会的发展，公司不再仅仅是股东自己的公司，利益相关者的权益在公司中越来越重要，其承担的风险和收益甚至超过股东一方，因此利益相关者价值模式主张公司的经营决策和分配决策应当由利益相关者共同做出而不应当仅仅由股东决定。近年来，利益相关者的利益逐渐被重视，传统的对其他利益相关者的利益不够关心的英、美公司治理强调股东利益至上的原则已经有所改变。经理对股东负责，有义务接受敌意接管。这种会给股东带来暴利的敌意接管行为，往往与企业的长期发展目标相违背，会损害其他利益相关者的利益。在此背景下，美国宾夕法尼亚州 1989 年议会提出了新的公司法议案，一反传统公司法中“股东利益至上”准则，对股东的权力和利益作了限制，对工人的利益予以保护，并授予公司经理其对“利益相关者”负责的权力。

单边治理模式主要分为股东单边治理模式和员工单边治理模式。股东单边治理模式与股东利益至上模式相似，是由股东一方治理公司，决定企业财富的分配。员工单边治理模式下公司财富的分配以工资、奖金、员工福利等形式为核心进行。共同治理模式是由利益相关者多方共同决定企业的经营和财富的分配，当利益相关者均有权共同决定企业经营和财富分配时，就是纯粹的利益相关者共同决策模式，当由两方或两方以上的利益相关者对利益相关者的财富分配均有影响时，则属于不完全的利益相关者共同治理模式。

此外，还有较为流行的分配模式是将公司治理模式分为德国模式、法国模式、盎格鲁-撒克逊模式，以及斯堪的纳维亚模式。我国学者郝云宏和曲亮（2005）结合股东利益至上模式和利益相关者价值模式、单边治理模式和共同治理模式等典型的治理模式的分配方法对公司治理进行综合考虑，将单边治理模式分为股东利益至上单边治理模式以及员工利益至上单边治理模式，在共同治理模式下将公司治理模式定义为利益相关者共同治理模式，除此之外的模式被归为过度模式。基于以上分类，本书将结合国内外相关文献，考虑主要的利益相关者，分别从单边治理模式和共同治理模式入手对公司的财富分配研究现状做分析。

(1) 单边治理模式

① 单边治理模式下的相关分配理论综述

单边治理模式下公司治理包括股东单边治理模式和员工单边治理模式。股东单边治理模式遵循股东利益至上的理念，认为企业的风险由股东以出资的资本为限承担，公司的所有者是股东，企业所有的分配均应遵循股东利益最大化的理念进行。Milgorm 和 Roberts（1992）以及 Donaldson 和 Preston（1995）支持股东单边治理模式，他们认为企业的财产包括物质资本和人力资本，由于人力资本的所有权是劳动者，劳动者与企业存在着信息不对称和非理性的行为，不能建立完备的合约，因此，企业最重要的是企业的所有权，企业的所有者应当享受剩余收益权和剩余控制权，其他利益相关者则应当根据市场价格获得自身的收益。从上述的观点来看，他们认为股东才是企业的所有者，股东才是真正的风险承担者，在进行企业财富分配时，应当将除股东之外的利益相关者获取的收益作为企业的成本考虑，对其发放收益的多少应完全建立在“股东利益最大化”的基础上。我国学者张维迎（1996）在相关文献中提出了类似的观点，认为公司经营的资本归根结底可以分为人力资本和物质资本，人力资本具有不能与所有人分离的特殊性，故而不能进行分离抵押，而物质资本具有抵押性并承担了企业的全部风险。因此，从财产抵押、产权流动、人力资本难以度量的角度考虑，股东权益至上或者物质资本所有者才应该作为真正的长期缔约者参与企业管理的理念才是最有效率的。胡建平（2007）在关于应当遵循股东利益最大化还是利益相关者利益最大化的观点上认为，其实两种观点并不冲突，应当综合利用两种理念建立满足其他利益相关者的股东价值最大化。他认为企业的经营只有满足了其他利益相关者的利益，企业才能够更大地发挥企业的价值，才能够更好地满足股东的利益。支持这一观点的是中国注册会计师协会，他们认为财务管理的最优目标是股东价值最大化，股东价值最大化并不是不关注其他利益相关者的利益，相反只有充分关注了其他利益相关者的利益，才能充分实现股东的价值。此外，针对股东利益至上的模式，还有学者从博弈论、法学等角度加以考虑。陈功（2000）从博弈论角度出发，认为股东、债权人、拥有人力资本的员工以及其他利益相关者博弈的最终结果必然是依附于股东资本获得收益，最终股东占据所有剩余，其他的利益相关者只能享受固定的市场收益。周翼翔和郝云宏（2008）以及张先治和甄红线（2006）从法学的角度上认为投入资本的投资者对投入的资本具有所有权，即使投入的资本进入公司，他们仍然对资本具有所有权，而提供劳动的所有者则是对资本运用的一种依附权利，因此，从法律的角度考虑股东才是企业的所有者，股东应当享受企业的剩余收益。

可见，在股东单边治理模式下，相关学者认为股东是企业的所有者，是企业所有风险的承担者，企业归根结底是股东的企业。因此企业的所有决策应当依靠股东做出，股东享有企业经营后的剩余收益，而其他利益相关者由于没有承担企业相关的风险，依靠于股东投资的资本运营，因此他们只能获取固定的按市场价格计算的收益。在股东单边治理模式下，一切财富分配围绕股东财富分配进行，股东财富最大化的实现是企业经营有效的体现。该理论在过去乃至现在都占据着非常重要的位置，因为该理论使得企业经营目标明确，符合常理，可操作性强，建立在持续经营假设的前提下企业不会发生倒闭，即使在倒闭的情况下对其他利益相关者优先偿还。但该理论在企业负债过高、经济动荡、倒闭风险较大的情况下是有损于其他利益相关者利益的。目前，很多企业的资产负债率在50%以上，其靠负债的融资已经超过了股东的投入，债权人在企业的资本发挥了比股东投入资本更大的作用。此外，很多债权人采用浮动利率借款，与企业承担市场风险。企业一旦倒闭，往往是资不抵债，甚至都无法完全偿还员工工资和国家税收。此时，企业的其他利益相关者承担了企业的风险，实现风险共担，但他们却不能参与企业相应的决策。因此，此时股东单边治理模式存在一定的弊端。

员工单边治理模式相对应用较少，其主要通过员工来治理企业，保持企业的运营。员工单边治理理论的理论基础是马克思的劳动价值论，其认为劳动力是价值创造的唯一源泉，资本家剥夺的是劳动力除去工资后的剩余价值。因此，员工单边治理理论下，员工劳动作为企业最重要的资本，参与企业的剩余价值分配。而财务资本的投入由于不会增加超额价值而变得相对次要。在分配时，员工单边治理理论遵循“多劳多得，按劳分配”的理念。因此，此时的股东分配依靠的是股东资本投入的多少获取相应的收益，而参与劳动的员工享受自身创造的剩余收益。从马克思劳动价值论的角度考虑，也许该方法是比较完备的方法。但目前，无论是学术界还是实务界，采用该理论治理企业的较少。因为该方法较为适合高度计划经济体制下的社会主义国家的社会主义结构。事实上，早在20世纪80年代我国就出现了“人力资本”的概念。如周其仁（1996）认为应当对人力资本与物质资本同等看待，应当由所有者与员工共同享受企业利润的分配。该理论也被南京市部分企业成功采用。

② 单边治理模式下的分配政策综述

股东单边治理模式下的股利理论包括股利无关论和股利相关论。股利无关论认为股利的分配对公司的市场价值不产生任何影响。股利无关论假设资本市场是完美的，投资者不关心公司股利的分配，股利的支付率也不会影响公司的价值。其中最典型的理论是MM理论，米勒和莫迪利安尼（1961）年利用数学模型在不存在税收的完美市场上，提出股利的支付与企业的价值无关。股利相关论包括税差理论、客户效应理论、“一鸟在手”理论、代理理论、信号理论。税差理论将税收因素考虑进来，认为在股东的股利收益纳税税率高于股东利润留存的资本利得时，股东更倾向于将股利留存在公司。客户效应理论认为企业在考虑股利政策时应当将股东对股利的需求考虑在内，对于有不同股利需求的股东采用不同的股利支付政策。“一鸟在手”理论认为股东更愿意得到确定的股利收益，而不愿意将同样的金额投放到有风险的未来投资上，因此该理论往往支持企业发放股利的行为。代理理论认为企业的股东、债权人、经理等利益相关者的目标不一致，在博弈的过程中往往不能达到企业最优的整体决策。不同的利益方之间代理成本的存在，使得债权人约束股东发放股利，控股股东更倾向于利益留存，小股东更倾向于股利发放等。信号理论认为实际市场是信息不对称的市场，股利的发放往往被市场认为企业发展前景较好，股利的减少则往往使得市场认为企业未来发展前景暗淡。

股利分配政策往往受制于法律、股东、公司等多种约束。较为典型的分配政策包括剩余股利政策、固定股利支付率政策、固定或持续股利政策、低正常股利加额外股利政策。剩余股利政策更加注重企业的资本结构，但发放股利往往变动较大，不利于依靠股利生活的股东。固定股利支付率政策按照多盈多分的原则，公平分配，但该方法极易造成公司发展不稳定的感觉。固定或持续股利政策每年保持固定或持续增长的股利，有利于向市场传递企业发展稳定或持续发展的信号，但该理论不符合剩余股利支付政策的原则，可能不能很好地保持稳定的资本结构。低正常股利加额外股利政策集中了上述几种分配政策的优缺点，使得股利政策既具有了很大的灵活性，又能保证依靠股利生活的股东每年至少可以获得一定的稳定股利收入。

股东单边治理模式下，债权人虽然也是资金提供者之一，但相关理论却认为债权人提供资金依附于股东提供的资金存在，从法律上讲债权人仅仅是资金的贷出者，因其资金的偿还性优于股东资本，因此债权人被认为不应享有剩余收益，企业仅应按固定利率给予债权人以补偿，其支出作为企业的成本存在。在传统的股东单边治理模式下，债权人的权利包括固定收益索取权、收回本金权、间接监督权、处置抵押资产权等四个方面。

因企业的风险不同，债权人承担的风险也不同，因此债权人要求的到期回报率也存在差异。一般的，企业的贷款时间越长，企业的信用风险越大，则债权人要求的到期回报率越高。债务成本的估计方法很多，典型的有到期收益率法、可比公司法、风险调整法、财务比率法。到期收益率法在已知长期债券市价、每年票面利息率、本金、债务期限的条件下求实际税前债务成本。可比公司法是寻找一个拥有可交易债券的可比公司，以其为参照物，将可比公司的税前债务成本作为本公司的税前债务成本。风险调整法是在公司没有可比公司的情况下，采用政府债券的市场回报率与企业信用风险补偿率之和作为企业的税前债务成本。财务比率法是在公司没有上市长期债权和可比公司并且无法找到公司的信用评级资料的情况下，通过关键的财务比率寻找与公司类似的可比公司，将可比公司的信用级别作为本公司的信用级别，再利用风险调整法计算其债务成本。此外，随着企业未来风险的不确定因素增加，股东单边治理模式下债权人无法参与企业治理，而仅仅通过契约形式限制企业做出损害债权人的行为，因此在向债权人支付成本时出现以浮动利率计息的形式。该模式下债权人不能参与企业的经营，企业从税务筹划的角度考虑，为了增加股东的剩余收益，往往会利用债务进行一定的税务筹划。

股东单边治理模式下，员工对公司的索取往往包括工资和奖金。工资分配制度则是员工参与企业分配的最基本的方式，工资分配理论经过二百多年的发展形成了很多流派，包括维持基本生计理论、边际生产理论、劳资谈判理论等。西方经济学一般认为工人的工资就是其劳动力价值的体现，因此对劳动支付的报酬仅仅是企业的劳动成本。而马克思则认为，劳动是创造剩余价值的唯一源泉，工人的公司和资本家剥削的剩余利润才是工人劳动的真正价值。可见马克思的劳动价值论揭示了利润的源泉，这也成为员工单边治理理论的基础。工资的支付一般在短期内是相对固定的，工资的支付与企业的经营绩效无关，因此，员工承受的风险较小，获得的收益也相对较小。王化成（2000）认为固定工资的支付存在一定的缺点：固定工资的支付使得员工承担的风险变小，企业无论业绩好坏均要支付相应的固定工资，增加了企业的风险；固定工资的支付不利于调动员工的积极性；固定工资的支付使得员工与企业之间仅仅是雇佣关系及金钱交易的关系，企业缺乏对员工的人性化关怀。员工奖励制度则是为了弥补固定工资支付的不足，给予优秀的员工一定的奖励，使得员工更好地为企业服务，创造更多的剩余收益。对员工进行奖励的形式包括：与员工的劳动量相关的奖金，即实现多劳多得，充分提高劳动积极性；与企业经营业绩挂钩的绩效奖励，即企业治理层根据整体的努力程度给予员工相应的绩效奖励，鼓励员工再接再厉，创造更好业绩；其他形式，比如按照员工工龄提高工资、按照员工忠诚度提高工资等。

政府的分配所得往往是政府作为不请自来的第三者采用强制手段获取的经济利益，政府税收往往取之于民，用之于民，为社会稳定和发展发挥了巨大的作用。因此，股利的支付往往展示企业承担的社会责任。但在股东单边治理模式下，股东从自身角度考虑，往往希望进行一定的税务筹划，尽可能少地向政府纳税，与政府博弈，往往是做出损害政府的行为，提高自身的收益水平。但博弈后的股东和政府的整体收益会变少。目前，政府采用各种各样的税收项目参与企业利润的分配，包括各种流转税、财产税、行为税、资源税、特定目的税、所得税等。葛四友提出了不同的分配标准，主张在市场经济条件下按照贡献来决定分配，政府享有其所做出贡献的比例收成。

股东单边治理模式下，企业的留存收益与向股东发放的股利之间的差别较小，留存的收益往往也是属于股东的权益。因此，企业的留存收益往往依据法律以及相关合同规定、股利政策、企业发展需要等综合制定，是企业向所有的利益相关者分配财富后的最终剩余。

（2）共同治理模式

① 共同治理模式下的分配理论综述

随着社会的发展，单边治理模式逐渐暴露出其不可弥补的缺点，在这一背景下共同治理模式下的财富分配产生了。共同治理模式更加注重利益相关者的利益，将利益相关者引入公司治理层，由利益相关者共同决定企业经营决策以及企业的财富分配。在20世纪初，美国爆发了大规模的经济危机，许多学者认为经济危机爆发的部分原因是一些大型垄断公司不能很好地履行社会责任，造成收入分配不合理，就业机会丧失。Dodd（1932）认为不仅商业企业应当承担社会责任，企业的利益相关者也应当承担相应的社会责任。同时Goodpaster也支持这一观点，他认为企业必会承担一定的社会责任，并且在处理利益相关者之间的利益时，至少要找到股东与其他利益相关者的平衡点。利益相关者理论的发展可以追溯到1963年的斯坦福研究所的国际备忘录，当时利益相关者被定义为如果没有这些群体，企业也就不复存在。在随后的利益相关者理论的发展中，其经历了古典利益相关者理论阶段、利益相关者理论迅速发展时期。古典利益相关者理论阶段的代表人物是Freeman，他在1984年定义了利益相关者群体，他认为利益相关者应当是能够影响企业发展的所有群体，应当包括股东、债权人、员工、政府、银行以及其他影响企业经营的相关者群体，他认为企业不应当仅仅关注股东的利益，而应更多地关注其他利益相关者的利益，实现互利共赢。他认为企业是利益相关者契约的组合，企业是一些群体通过契约的方式实现的连接点。在随后的利益相关者理论的迅速发展中，利益相关者理论主要往规范性研究、实证研究以及研究方法三大方向发展。将三大方向综合性地纳入自己的利益相关者研究模型中进行研究的是Donaldson和Preston（1995）。

股东利益至上的理论受到了越来越多人质疑，并最终演化为了以弗里曼为代表的共同治理模式下的利益相关者理论与以詹姆为代表的单边治理模式下的股东价值最大化的新老两派。如国外学者Sundaram和Inkpen（2001）认为如果从政府的公共角度来考虑，当政府无法利用股东实现其公共政策时，那么企业的经营目标就不能再是股东权益最大化，而应当为利益相关者利益最大化。在我国，学者杨瑞龙和杨其静（2000）通过对“资本雇佣劳动”的全面介绍，提出“资本雇佣劳动”中资本家是风险承担者，员工是风险厌恶者，员工将通过被雇佣的方式将风险转移给资本家，使得资本家承担风险。但是，各种组织结构都应当与当时的经济环境相结合，一旦环境发生变化，其组织形态也将发生很大的变化。也许未来由资本家主导的组织治理结构变为共享型组织结构，也许未来脑力劳动成为企业最重要的资本，企业的资本主导将变为“知本”主导。陈宏辉（2004）通过实证的方式验证了上述说法，他将资本作为企业产生的根源以及将资本作为企业组织结构的决定性动因，结果难以在实证中得到支持，这就说明将资本作为企业产生的源泉和决定企业的治理结构的动因并不符合实际。针对企业剩余索取权应当如何分布的问题，陈宏辉认为我们不应对利益相关者理论不屑一顾，而对剩余索取权应当集中对称分布于非人力资本的理论情有独钟，事实上，后者作为主流理论仅仅是理论之一，利益相关者理论才更加结合实际，而且随着社会的发展，将越来越受到人们的重视。在利益相关者共同治理方面，任海云和李丽（2007）认为利益相关者理论是对股东利益至上理论的颠覆，在新的经济环境下，利益相关者理论是时代发展的必然趋势。

可见，在共同治理模式下，股东只是众多利益相关者群体之一，由于企业的整体决策由利益相关者共同决定，企业经营的相应风险降低，企业的破产风险将由利益相关者共同承担。此时，企业增值财富在利益相关者之间分配时，必须遵循的是分配的效率和效果，最终达到利益相关者价值最大化。

② 共同治理模式下的分配政策综述

在共同治理模式下，股东的权利被大大地限制，企业的经营决策和分配决策不能再被股东单一群体所决定，其决策是由利益相关者共同做出的。此时如何进行股东、员工、债权人、政府以及企业留存的分配成为重要的因素。

在共同治理模式下，劳动关系会发生巨大变化，员工开始拥有一定的剩余收益权。收益分享制度的产生是共同治理模式下员工分配理论的较为详细的解释。收益分享制度指的是员工和投资者共同分享收益。它的创始人是马丁·威茨曼，威茨曼在1984年出版的《分享经济学》中提出了分享经济学理论。相对威茨曼，我国学者李炳炎

（1982）发表的《劳动报酬不构成产品成本的内容》一文中针对我国社会主义体制下产品成本中是否应当包括劳动报酬进行了详细的论述，他认为在社会主义体制下劳动报酬是利润的源泉，不应当将其作为成本计入产品成本，而应当将劳动报酬的价值直接反映在剩余利润中，因为剩余利润才是劳动的真正价值。从时间上看，我国学者李炳炎提出的员工分享剩余收益的理论要早于西方，比威茨曼的理论更具有意义。关于员工参与剩余收益的分配的典型论述是王化成（2000）的理论，他从我国社会主义初级阶段的国情出发，对各种资本进行划分，并认为从理论上讲劳动创造了剩余价值，必须参加剩余收益的分配。陈平（1991）解释了企业工资分配中的现象及其面对分配的效果分析。此外，郭东杰（2004）认为企业不仅仅是物资、人力资本通过契约的方式达成的协议，它应当能够与其他非企业性组织分开。因此，其认为应当建立股东持股模式下股东分配剩余收益的共同治理模式，这种模式能够促进劳资关系改善以及机会主义行为的降低、提高契约的完善性、有力地促进自我强制能力的提高。同时，他认为，目前国有企业的改制，尽管实现了员工持股，极大地促进了国有资本的退出，增强了员工的薪资谈判能力，使得劳资关系得到了暂时性的缓解，但这种模式并不能真正使得员工分享剩余权（控制权和剩余所得权），劳资问题并未得到根本解决。随后，陈琨和雷娟（2004）论证了知识经济时代下知识的重要性以及劳动分享剩余收益的必要性，他们认为知识成为经济发展的首要要素和首要资本，将超越传统意义上的劳动力的概念。此外，他们从会计的角度论证了人力资本参与剩余收益分配是可能的，并提出相应的可行性方案。

与单边治理模式不同，共同治理模式下的债权人参与企业的治理，不仅仅通过合约限制企业做出损害自身利益的行为，而且参与企业经营决策和监督。债权人参与管理的案例中最典型的是日本的经理协调模式，在这种模式下董事会的成员不仅包括股东，还包括企业的主银行（主银行是指日本的特殊模式下，每个企业都有一个主要的银行作为支撑），甚至主银行也会进入企业的监事会，监督企业的各种行为。在这种模式下，债权人很大程度上参与了企业的治理，参与企业的财务决策和经营决策。因此，相对于单边治理模式而言，债权人参与的共同治理模式将降低债权人的风险，使得企业更加健康地运行和发展。从实证角度研究债权人保护程度及其参与企业决策程度的国内外学者也有很多。比如 LLSV 在参照世界 49 个国家（地区）的破产法和重组法的基础上，从重组限制权、担保权、担保优先偿还权、债务人管理及留存权四个方面构建了债权人保护评价指标体系，并将执法水平分为财务、资产侵占、政府违约、法律法规、司法体制、腐败等六个方面，研究表明法律体系不同，对债权人保护的水平也有所不同。Qian 和 Strahan（2007）选取 43 个国家（地区）贷款合约条款为样本，并将这些样本按法律体系划分，最终发现如果国家法律对债权人保护越强，则提供贷款的银行就越多，贷款利率越低，贷款时间也越长。La Porta 等（2000）认为修改重组的法律其实并不能为债权人带来根本性的保护，保护投资者的措施应当改革企业所有权、资源使用效率以及政府的参与程度等。因此，从上述文献中我们可以看出，对债权人利益进行保护应当调节的是利益相关者的关系，应当实施共同治理模式，并将其上升为法律层次，维护投资市场的健康运行。

政府参与企业管理主要是通过宏观调控加微观监管的方式进行，如果政府在完全理想化的假设下参与企业决策，则其作为决策者的一部分，必定减少企业偷税漏税以及企业为了避税宁愿选择损害政府的非理性行为。政府对企业投入的是公共服务，这种公共服务包括安全的经济环境、教育、文化、公共设施等多个方面，此外，如果企业出现倒闭，政府将减少税收甚至给予更多的社会救助。因此，政府参与企业治理应当注意的是如何保证企业有效运行、如何使得企业承担社会责任最大化、如何规避企业的不理性行为等因素。

企业利益留存在共同治理下是增值额对利益相关者分配后的剩余额，是利益相关者共同决策的结果。因此，此时的留存收益不是单单从股东角度考虑的留存，而是综合考虑利益相关者的情况下为实现利益相关者价值最大化、协调利益相关者利益后做出的综合决策。

2.2 公平的概念及理论概述

2.2.1 公平的定义及内涵

“公平”一词，从宏观角度考虑应当包括“公”和“平”。“公”是指公正、公道、不偏不倚等，“平”是指平等、平均、同等等。从经济学的角度出发，本书将公平分为西方的公平、马克思主义政治经济学下的公平以及我国学者对公平的理解。

（1）西方的公平

“公平”一词在西方由来已久，但有关合作的起源和演化一直是学者们回避的话题。西方各个学派对公平的理解受当时环境和自身经济观点的影响。柏拉图认为公平就是正义，就是要在各种交易和关系中保持绝对的公平正义。乌尔庇安作为古罗马法学家从法的角度上认为所谓公平正义就是人人应当获得其应该拥有的东西，并且这种意志是永恒的，不能发生改变。从伦理角度出发，麦金泰尔则认为公平正义是包括自己在内的所有人应当拥有的一种与生俱来的无形物质。而哲学家亚里士多德认为公平是双方在非自愿的情况下实现的在交易前后所得不变，并且认为公平与比例挂钩。阿奎那同样认为公平与比例相关，其认为公平正义是两个内在活动之间的交易遵循等价关系，双方交易要有适当的比例。

在西方经济学中，公平往往和效率是密不可分的。许多西方经济学家在讨论公平时往往分析什么是公平，公平和效率的关系是什么，如何促进二者均衡发展。亚当·斯密认为公平是指在市场经济的自由竞争中，每个人都应当具有平等竞争的机会和权利，或是指在机会公平和规则公平的前提下，社会收入分配差距要适度，不造成两极分化。罗尔斯认为每一个人对于一种平等的基本自由之完全适当体制都拥有相同的不可剥夺的权利，而这种体制与适于所有人的同样自由体制是相容的；他认为社会和经济的平等应该满足两个条件：第一，他们所从属的公职和职位应该在公平的机会平等条件下对所有人开放；第二，它们应该有利于社会之最不利成员的最大利益。杰里米·边沁在《经济学成就》中提出公平是使社会所有成员的总效用最大化，即公平就是使社会所有成员的效用最大化。阿玛蒂亚·森在1973年《论经济不公》中提出更合理的公平概念，认为公平可能要求对人们的基本的潜在能力的分布予以直接的注意。所谓能力主义公平，实际上就是以满足人的需要作为公平的基础。此外，西方学者对公平偏好的存在及其对经济发展的作用也做出了相关的实证和理论研究。Burnham（2007）从生物学的角度研究发现公平偏好的存在并说明身体因素对个人公平偏好的影响，其研究发现男性睾丸素较低的男性的公平偏好程度明显低于男性睾丸素较高的男性的公平偏好程度，并且后者拒绝不公平的程度较高。Tricomi 等（2010）通过使用 FMRI 技术测试被测试者面对不公平的行为时大脑的反应，结果发现当自己受到不公平待遇时，大脑正中前额叶皮层被激活，反应较为强烈。这从生物学的角度试验并验证了人们对不公平程度的敏感性。Akerlof 和 Shiller（2009）认为公平偏好是影响宏观经济的重要因素。由于公平偏好对经济影响的重要性，许多学者试图对公平偏好进行定量研究以将其引入经济相关研究模型。例如，Bolton 和 Okenfels（2000）提出了相对支付模型。

（2）马克思主义政治经济学下的公平

马克思主义政治经济学下的公平包括了马克思对公平的定义以及马克思主义者对公平的定义。马克思认为人类社会的最高阶段是社会主义，就是要达到人人平等、没有剥削、没有阶级制度的社会。而这一层次的社会就要达到绝对公平，人人按需分配。他认为真正的自由和平等只有在社会主义中才能实现，社会主义是人类社会的最高阶段。在社会主义最后阶段，物资将达到极大丰富，人们的思想素质极高，人人生而平等，实现按需分配。这时脑力劳动和体力劳动的对立也将消失，劳动不再成为谋生手段。恩格斯将人的公平分为古老公平的观点和现代公平的观点。古老公平观点认为社会中的人有其共性，而真正的公平应当是每个人所拥有的这些共性具有平等的权利。现代公平完全有别于古老的公平，现代公平理论是利用人人所具有的共性进行引申，最终得出社会上所有的人应当具有平等的政治以及社会地位。当然，在没有完全实现社会主义的最高阶段之前，马克思主张“按劳分配”的财富分配原则。生产者必须获得与他们劳动成比例的财富，实现按劳分配，平等分配。可见，马克思的公平观追求人类的平等自由，最终实现人们按需分配，实现社会主义的绝对公平，但同时他认为在没有达到最高层次的社会主义的社会之前，应当采用按劳分配实现社会的公平分配，并且他认为只有社会主义才有公平可言。

毛泽东同志作为伟大的无产阶级革命家，进一步发展和利用马克思主义的公平理论，并将其与中国的实际相结合。毛泽东在土地革命时期提出实现农民群众的共同富裕，消灭农村中的富农阶级。新中国成立后，毛泽东同志进一步认识到我国的基本国情，认为我国处于社会主义的初级阶段，不可完全照搬马克思主义理论。邓小平同志通过改革开放、实行市场经济，实现我国以按劳分配为主、其他分配方式并存的分配模式，对我国公平的实现及经济的快速发展做出了巨大的贡献。

(3) 我国学者对公平的理解

我国学者对公平理解的主要观点见表 2-1。

表 2-1　**我国学者对公平的主要观点**

代表学者	主要观点
权衡（2008）	通过研究我国台湾公平分配与经济增长模式的变化，提出台湾由于经济结构的变动，导致其从公平增长向分配差距加大的方向转变。同时认为调整我国的分配结构的关键在于对政府的正确定位
黄在胜（2009）	在社会主义市场经济转型期间，国民收入的初次分配，应基于公平理论的基础上，政府对于社会公平问题极为关注，鉴于国有企业经营者身份变动的模糊性，对于利益相关者也应保证其薪酬的公平性
韦倩（2010）	对国内外公平偏好实验研究、公平偏好的生物学方面的实验研究，以及将公平偏好纳入经济学理论的研究进行总结和梳理
丁元竹（2010）	公平与正义不仅是物质与制度层面的含义，同时包括人的主观感受

续表

代表学者	主要观点
李晓宁（2010）	公平的收入分配制度要求获得的收入与要素的贡献相一致。一个社会成员通过自己的劳动或提供其他生产要素而对社会生产做出贡献，并由此获得一定数量的收入，二者的关系为：$\beta = R/G$，β 表示收入贡献比，R 表示收入，G 表示要素贡献
陈叶烽等（2011）	在公平分配理论中，分配动机比分配结果更为重要，更能影响到人们的决策行为
董志强（2011）	公平可能伴随着人类的进化而产生，通过演化博弈模型等为公平的演化进程提供解释
聂鑫等（2012）	在农村城市化过程中，农村土地的使用权也在不知不觉中进行着流动转让，在此过程中，征地使得某些农民失去土地，而在对农民土地的补偿上存在一些公平问题；在补偿过程中仅仅考虑了土地的经济价值，而忽略了土地的附加价值。因此，国家应制定相关土地政策，对于建设社会主义和谐社会、实现社会公平公正、广大人民群众安居乐业，具有积极的长远意义

2.2.2 公平的影响因素

综合中西方文献，对影响公平的因素进行专门研究的文献较少，大多数学者通过对公平的具体应用来考虑哪些因素可能造成社会的不公。在国外学者的研究中，Fehr 和 Falk（2002）认为公平主要受公平的心理偏好的影响，而影响公平偏好的则是个人的活动和动机。而当出现部分群体合作以及部分群体不合作时，人们则会对不合作群体做出惩罚以保证合作的对等。Sutter（2007）则从年龄因素出发，研究其对公平动机以及公平结果的影响。黄秀英（2011）认为机会的获取对人自身的发展非常重要，因此在机会面前应人人平等。但机会公平有众多影响因素，比如制度的转型、教育的不公、亲情的存在、权利的介入、家庭的经济基础等。周全林（2007）从政府课税的角度考虑，认为影响课税公平的因素主要有经济效率的需求、税收的转嫁功能、税收制度的有效性、税收的管理以及社会的通货膨胀，其中经济效率的需求是造成公平的最大因素。马力和曲庆则从可能的领导与成员关系阴暗面的角度出发对组织公平进行论述，他们认为领导与成员的好坏影响组织公平。杨靖、薛岩松（2008）对高等教育收费制度下的教育公平进行影响因素分析，他们认为应当从以下角度考虑影响教育收费公平的因素：与高等教育收费并存的财政性教育投入、居民可以承担的收费标准、与高等教育收费相匹配的高等教育资助制度以及高等教育收费的管理机制。许成安认为，“公平”不能简单地理解成“收入的均等分配”，而是要首先界定公平与效率的范畴才能进一步地理解其含义。我们通常认为“公平与效率之间的关系是矛盾的”这一说法就存在前提的界定条件。

综合相关文献，本书认为影响公平的因素主要有：

（1）效率的要求以及其与公平的协调程度对公平的影响。公平和效率常常是影响社会经济和谐、可持续发展的两个重要因素，二者对立统一。效率在一定程度上可以促进公平，公平也可以保证更有效率地运行。例如 Robson（2008）认为在群体出现多个均衡时，人们往往会提出哪些是没有效率的均衡。但效率与公平又是对立的，不能与公平协调的效率将不利于促进社会公平和经济发展，甚至促使两极分化。

（2）社会制度对公平的影响。一个国家的社会制度决定了分配的公平性，我国的分配制度采用“按劳分配为主，其他分配方式并存”，在一定程度上兼顾分配的公平性和分配的效率。此外，其他的社会制度——比如政治制度等——的完善程度也在一定程度上对公平造成影响。

（3）经济环境对公平的影响。经济基础决定上层建筑。“大锅饭”“大跃进”的公平不是我们希望的公平。尽管经济发展程度的本身与公平无关，但经济的发展质量影响了公平的质量，不均衡的经济增长必然导致分配不公。均衡持续的经济发展可以促进社会公平、经济公平以及法律公平等。而经济制度下的税收也影响公平，学者李文博等（2012）指出两税合并下的要素分配同样影响着公平。

（4）国家的文化对公平的影响。一个国家的文化决定了其对公平概念的理解，我国的文化以传统文化为底蕴，进一步融合了一定的西方文化，这也促使我国对公平概念的逐步完善。

（5）法律的完善程度对公平的影响。法律公平是实现社会整体公平的保障，法律制定和执行的不完善和不公正将影响我国社会的公平。

（6）私人关系的密切程度对公平的影响。从微观层面上考虑，个人与个人之间的亲情、友情及交往往往也会造成个体失去客观公正性，进而影响公平的质量。

鉴于以上分析，本书借鉴国内外学者的思想，沿用刘晓宁（2010）对公平的量化描述，对公平的含义界定如下：一个社会成员通过自己的劳动或提供其他生产要素而对社会生产做出贡献，并由此获得一定数量的收入，二者的关系为：

$$\beta = R/G$$

式中：β——收入贡献比；

R——收入；

G——要素贡献。

一个经济单位，当涉及两个或两个以上主体时，第 i 个主体的收入表示为 R_i，每个主体收入之和是总收入，即 $R=\sum_{i=1}^{T}R_i$（T 为主体个数）。第 i 个主体的要素贡献表示为 G_i，每个主体的贡献之和是总贡献，即 $G=\sum_{i=1}^{T}G_i$。收入所得与要素贡献相一致原理可以通过下式表达：$R_i/R=G_i/G$ 或 $\frac{R_i/R}{G_i/G}=1$。该式体现了一种分配结果公平的理念，该式可以推广到社会范围内多个经济单位、任意数量主体和要素。实际上，对于不同主体来说，这个比例常常会偏离，因此，称 $\gamma=\frac{R_i/R}{G_i/G}$（$\gamma\geqslant 0$）为分配公平系数，简称 γ 系数，它反映了分配结果的公平合理程度。γ 等于 1 表明分配结果公平合理，偏离 1 越远就越不公平。

2.3 效率的概念及理论概述

2.3.1 效率的定义及内涵

“效率”一词产生于物理学，原指产出与投入的比值。经济学家将其引入经济学后作为衡量企业生产经营活动的指标。在西方经济学中，“效率”主要考虑的是资源配置的有效性，以及如何更有效、更大限度地生产经营出更多的社会福利满足人们的需求。在新古典经济学的框架内，效率是一个循环论证，是一个具有悖论性质的概念。通常，社会的资源是有限的，如何利用有效的资源，更加有效地发挥资源的作用，实现资源的最优整合，最终实现更大的价值成为西方经济学研究效率的核心。在经济学中关于效率的定义也有很多。主流经济学书籍中对经济效率内涵定义明确，但存在明显的现实局限性。中国学者张秀生和盛见（2008）从经济学的生产、交换、分配、消费四个环节的综合效率加以论述。熊彼特认为效率的提高依赖于资本的积累和技术的提高，即技术的提高将促进企业的生产更有效率，有利于促进企业资本积累，而资本更加有效地积累也有利于企业资源的有效利用。卡尔多认为效率应当是多方交易后受益的总额减去损失的总额大于 0，最终使得总体福利增加，这就是卡尔多效率。在 1941 年，英国经济学家希克斯提出了类似的效率的概念，他认为当经济发生变化时受益者一方不会被受害者一方的经济损害引起的反对而改变，这也是一种整体福利的增加以及效率的提高。哈维·莱宾斯坦提出了 X 效率，X 效率认为与资源配置无关的通过员工的共同努力和协调实现的增值也是效率的提高，因此 X 效率主要考虑员工是否努力和更好地协调。

以上几种效率的概念都从某一方面对效率做出了解释。其实最早研究效率和提出效率一词并将效率研究上升为数字图形推理，对效率研究贡献最完善的是意大利经济学家维弗雷多·帕累托。帕累托提出了著名的帕累托最优和帕累托改进。帕累托最优（又叫帕累托效率）是指资源分配的一种理想状态，即假定固有的一群人和可分配的资源，从一种分配状态到另一种状态的变化中，在没有使任何人境况变坏的前提下，也不可能再使某些人的处境变好。帕累托认为只要实现固有群体总体效率的增加，则没有达到最优效率，则可以进行帕累托改进，一直达到在没有使任何人境况变坏的前提下，也不可能再使某些人的处境变好。然而帕累托最优的假设条件是完全市场，并且没有考虑社会公共物资的存在，假设条件较为简单，在现实中应用性较差。在随后的研究中，奥利弗·威廉姆森将完全市场中并未考虑进去的有限理性行为、交易过程中的信息不对称以及机会主义等考虑进效率评价中，其成果为比较制度分析提供了重要的参考。

在我国社会主义市场经济条件下，我们所强调的微观效率是指劳动、资本、土地等生产要素的产出与投入的对比关系，这种产出是符合社会和人民需要的产出。投入小于产出，则效率高，反之，则低。我国学者陈享光（2009）认为，效率一直是经济学研究的核心问题。在新古典经济学中，效率被理解为资源配置效率。厉以宁认为效率是一个经济学范畴，是指资源的有效使用与有效配置。他将效率描述为三种情况：(1) 效率是产出与投入比，同等投入的产出越多，或同等产出的投入越少，都表示效率的提高。(2) 效率的提高依靠的是生产力或者资金回报率的提高。(3) 效率通常被认为是实现资源最有效的利用，该资源既包括人力，也包括物力。吴正根指出效率是产出与投入比或收益与成本比。生产劳动总要有所投入和有成本，投入越少，成本越低，而产出越多，收益越高，则效率就越高。由于资源总是有限的，人们的经济活动就不得不在竞争中追求高效率，这样才不至于被淘汰。效率的内容很广，包括生产效率、技术效率、资源配置效率、资源的动态效率等。在市场经济活动中，我们着重理解微观和宏观层面的效率。微观效率是社会个体利用资源的有效程度，宏观效率是社会整体利用资源的有效程度。张素芳将效率看作以下三个方面的体现：经济发展的效率、社会资源运用的有效程度以及社会经济活动是否达到最有效的配置。经济效率的大小也反映了社会生产力的好坏。此外，她认为效率可以分为微观效率和宏观效率。微观效率是指市场主体对现有资源的有效利用程度以及利用现有资源产出的产品满足社会需求的状况。而宏观效率则是社会这个大的主体整体利用资源的有效程度以及其为整个社会创造的社会财富的数量和质量。可见，如果微观效率被认为是个体，宏观效率则是微观效率的总和，是整体概念。在微观视角下，陈冬华等（2010）进行了促成效率出现的数据分析，指出适当的条件对于效率的生成有着重要的意义。黄邦根（2005）认为，在经济学中效率是指如何使稀缺的资源得到合理的配置。为了从稀缺资源中得到尽可能多的效用或福利，人类必须合理配置资源即提高效率。同时，对于投资效率的研究，国内学者樊潇彦和袁志刚（2006）总结了国内外总量效率、结构效率以及体制特征等角度衡量的效率，总结出不同的效率含义。

综上所述，学术界对效率的认识是一致的，也就是“帕累托最优”，但是它仅仅是一个理论上的概念，它还是不能表达量化的效率实现程度。

本书效率的含义是分配效率，是要素所有者的报酬与投入之间的比值，包括了生产效率、资源配置效率。具体采用下列几个指标：狭义的财政贡献率，它等于“实际缴纳的税金”与“劳动报酬+折旧+税金+利润”之比；全员劳动生产率，它等于“劳动报酬+折旧+税金+利润”与“平均人数”之比；财务费用率，它等于“财务费用”与“营业总收入”之比；投入资本回报率，它等于“息税前利润×（1–所得税/利润总额）”与“（年初投入资本+年末投入资本）÷2”之比；可持续增长率，它等于“本年净利润/年初股东权益×本年收益留存率”。本书用这五个指标来综合量化表示效率。

2.3.2 效率的理论概述

效率是产出与投入比，在西方经济学中，“效率”主要考虑的是资源配置的有效性，如何更有效、更大限度地生产经营出更多的社会福利满足人们的需求。尽管不同的经济学家对于效率给出了不同的定义。但他们却都认为效率是在社会中得到好处的一方的利益与受到损失一方的损失之间的差额逐步减少，当差额为零时实现全社会福利总额的最大化。本部分介绍最早研究效率和提出效率一词的对效率研究贡献最完善的意大利经济学家维弗雷多·帕累托，并从效率角度对其提出的著名的帕累托最优和帕累托改进加以介绍。最后说明我国对效率一词的认识和应用。

关于效率的影响因素，本书将其分为传统经济学中效率的影响因素、新制度经济学中效率的影响因素、马克思主义政治经济学中效率的影响因素，并分别对其进行介绍。传统经济学中关于效率的影响因素的理论又分为分工理论、竞争理论、激励机制理论以及其他相关理论。分工理论主要强调专业化程度和分工程度对效率的影响；竞争理论强调竞争有利于放活市场，提高市场的自由程度，实现资源的最优配置，提高经济效率；激励机制理论基于X效率理论提出提高效率的关键在于提高内部员工的积极性和协作能力，通过奖惩分明可以提高内部的生产能力；其他相关理论是其他经济学家对影响效率的主要因素的列举。新制度经济学将组织和制度作为非常重要的内生变量来进行考虑。新制度经济学以诺斯、科斯、德姆塞茨等为代表，这些经济学家认为企业的制度、产权、交易成本对效率的影响程度不容忽视。因此，产权、交易费用、制度等内在因素在新制度经济学中作为不可分割的整体共同影响着效率。马克思主义政治经济学从研究商品价值入手，提出生产效率的提高可以降低社会必要劳动时间，造成在与原来相同的时间内生产出更多的商品，总的使用价值增加，单位产品的价值降低，使人们获得更多的福利。马克思的生产效率的影响因素包括：科学技术水平、技术的应用程度、劳动者的平均熟练程度、生产的规模和效能等。同时马克思将生产的增长分为两类：一类是内涵增长；另一类是外延增长。他认为内涵增长才是由企业生产效率的提高而引起的。马克思还从简单协作、工场手工业、机器大工业三大资本主义生产方式的转变上来考虑影响效率的主要因素的转变。

2.3.3 效率的影响因素

关于效率的影响因素，经济学中讨论较广，本书将分三部分介绍：

(1) 传统经济学中效率的影响因素

在传统经济学中，经济效率的研究是经济学家研究的核心。综合传统经济学家研究的成果，有关效率的影响因素理论主要包括：分工理论、竞争理论、激励机制理论以及其他相关理论。

① 分工理论

分工理论的研究无论是在管理学中还是在西方经济学中都有很多，比如泰勒通过对工人工作长期进行观察得出如果工人能够发挥其最有优势的能力，将产品的生产细化分解，那么生产效率将大幅度提高，这就是著名的科学管理理论的一部分。在经济学中，分工理论提出者的典型代表是亚当·斯密。他认为要使财富增加可以通过两种方式实现：一是增加人口和资本；二是提高工人的专业化水平，促使生产过程中进行分工。这两种方式中，第一种是利用资源扩大生产经营规模，第二种就是提高生产的效率。在现实生活中，由于资本是有限的，增加资本的绝对数量往往并不现实，因此提高效率即采用分工和提高专业化技术就成了经济增长的核心。分工和专业化之所以能够提高生产效率主要是因为在分工的情况下工人机械重复地做某一简单动作的熟练程度将越来越高，并且通过对员工动作的分离可以去除一些没有必要的动作。专业化的提高使得人们扬长避短，最大限度地利用自身的优势，实现资源的最优组合。因此，分工理论提出效率的提高需要劳动的分工和专业化，分工越合理，专业化程度越高，效率就越高。

② 竞争理论

西方经济学家认为，要实现经济健康有序地运行，必须充分发挥市场的自我调节作用。市场作为一双“看不见的手”，其之所以能够促进资源的有效配置，促进市场有效率地运行，主要是市场价格机制的自我调节作用。当然市场自我调节的本质就是竞争。

对于竞争的定义，乔治·斯蒂格勒在《新帕尔格雷夫经济学大词典》中提出，两方或两方以上的人员和组织为了获取双方都不轻易得到的东西时便产生竞争。在市场竞争中，竞争一般是指厂商与厂商、顾客与顾客、厂商与顾客之间的价格、产品质量、服务等方面从自身利益出发产生的竞争。竞争在市场经济中至关重要。亚当·斯密等经济学家将竞争引入经济学，认为市场的有效性取决于竞争的有效性。

竞争之所以影响效率，主要是因为：竞争产生的内在压力和动力迫使组织或个人通过努力提升自身的技术、开拓新的市场、研发新的产品、努力优化自身资源配置等手段以使自己在竞争中保持有利地位。在完全有效的市场中，自由竞争的产生将使得市场自发地调节资源的配置，促使社会经济有效率地运行。

③ 激励机制理论

激励机制理论主要应用于组织内对员工的激励，以激发员工劳动激情，创造出更大的价值。以莱宾斯坦的 X 效率理论为代表，这类理论强调企业并非投入后直接产出的工具，具体产出的效率取决于企业员工的积极性以及协调能力。如果一个企业员工怠于劳动，员工协调性差，那么企业的产出与投入比自然会很低。因此，激励机制理论提出，只有激发员工的劳动积极性，提高员工的效率，才能提高企业的运营效率，而采用激励机制则能够促使企业员工产生工作的动力，充分调动其积极性。当然，激励机制并非仅仅只有激励而没有惩罚。激励机制就是建立一种奖罚分明的制度，让员工感到公平，让员工得到努力工作的好处，同时获得怠于工作的惩罚，最终实现企业效率的提高。

④ 其他相关理论

其他关于效率的影响因素的分析还有很多，大多数的西方经济学家主要从不同的角度考虑。例如，丹尼森（1991）认为世界经济的增长无非两类，要么是投入资本的直接增长，要么是效率的提高带来的增长。莱斯特、索洛认为效率的提高来源于技术水平的提高、劳动的专业化技能的提升、精神的动力以及企业的管理的有效性等。弗里德、斯米德和伊萨瓦思认为影响企业效率的因素与企业直接投入的外生变化不同，影响企业效率的外生变量一般是不能控制的，他们将外生影响因素归纳为政府兼顾、工会的影响、企业的所有权结构等。国内学者朱承亮等（2011）认为效率的影响因素有 FDI、人力资本及其结构、研发创新三个方面。

（2）新制度经济学中效率的影响因素

古典经济学理论有关效率影响因素的分析大都假定组织以及制度是一定的，但新制度经济学将组织和制度作为非常重要的内生变量来进行考虑。新制度经济学中，以诺斯、科斯、德姆塞茨为代表的经济学家认为企业的制度、产权、交易成本对效率的影响程度不容忽视。因此，产权、交易费用、制度等内在因素在新制度经济学中作为不可分割的整体共同影响着效率。在新制度经济学基础上，我国学者苏冬蔚等（2011）提出了相关的理论假设，即运用新制度经济学的研究方法，研究企业社会责任和效率的内在关系，在此基础上提出提升企业社会责任感反过来会有助于提高生产效率。

产权确定了组织的所有权结构，其明细程度直接影响企业的效率。

科斯在其科斯定理中提出，由于交易是有成本存在的，不同的产权制度下，交易成本也有所不同，因此，产权制度的不同最终带来的是资源配置的效率变化。

（3）马克思主义政治经济学中效率的影响因素

马克思论述效率是从论述商品开始的，他认为商品具有价值和使用价值，劳动创造价值，生产商品的劳动分为抽象劳动和具体劳动。生产商品的具体劳动形成商品的使用价值，抽象劳动形成商品的价值。商品的价值量由社会必要劳动时间决定，生产每件商品的社会必要劳动时间越多，单位商品的价值量也就越大。社会必要劳动时间取决于社会的生产效率（生产力）。生产效率越高，生产每件商品的社会必要劳动时间就越少，单位商品的价值量就越小。因此，马克思认为，劳动效率的提高，将造成在与原来相同的时间内生产出更多的商品，总的使用价值增加，单位商品的价值量减小，使人们获得更多的福利。马克思的生产效率的影响因素包括：科学技术水平、技术的应用程度、劳动者的平均熟练程度、生产的规模和效能等。因此，他的观点是，经济的真正有效增长取决于社会必要劳动时间的减少，而社会必要劳动时间的减少取决于生产力水平的提高。

马克思将生产的增长分为两类：一类是内涵增长；另一类是外延增长。内涵增长是通过提高生产技术、优化组织结构以及提高生产效率等方式引起的在原有资本的基础上实现资本的再增长，是依靠自身努力获得的一种增长。外延增长则是投资者扩大投资促使企业生产经营规模的扩大，是依靠外界的力量实现的一种增长方式。此外，马克思还认为从资本主义生产方式的转变来看，其可以包括简单协作、工场手工业、机器大工业三个阶段。在简单协作阶段，内部的协作不仅是简单的劳动力量的组合，工人通过劳动的协作能够产生出比单个劳动组合相加更大的协作力量。可见协作提高了劳动的生产效率，促使企业生产出更多的产品。在工场手工业阶段，企业生产的内部分工程度是生产效率提高的基础。在这一时期，生产方式发生变化，生产变成了人与工具作为整体生产工具共同生产，人成为工具的操作者。因此，此时的效率的提高依赖于劳动者的技术以及劳动工具的生产水平。机器大工业阶段则从根本上改变了劳动的技术水平，极大程度地提高了劳动的生产效率。

2.4 公平与效率关系的理论概述

2.4.1 效率优先理论

研究效率优先理论的学者大多反对政府对市场经济的任何干预。他们主要从经济学的角度和伦理学的角度加以论述。

从经济学的角度出发，自由、效率是相辅相成的。他们认为市场本身具有自我调节的功能，这种自我调节能够达到社会资源的最优配置，实现社会经济的健康发展。政府作为不请自来的第三方，强制干预的手段不利于自由市场的发挥，破坏了市场的运行机制，最终则不能达到社会的有效运行。萨缪尔森（1986）认为当我们的最低生活标准得不到市场制度的合理保障时，我们希望通过我们的政府的财政支出来补充实际或货币收入的不足。米尔顿·弗里德曼（1982）则主张效率优先，他认为自由市场制度在实现效率的过程中能够带来一种副产品——平等。支持效率优先理论的经济学家认为，社会的两极分化并不是自由市场造成的，自由市场的自我调节及有效运行是有利于缩小社会的贫富差距的。相反，政府的干预虽然是为了社会的公平、平等，但实际上却最终扩大了贫富差距，并且造成市场运行混乱。之所以这样，是因为效率本身就已经考虑了公平。在完全竞争的市场上，人人机会平等，人人通过自身努力获得自己拥有的财富。效率本身支持按劳分配，支持拥有的资本的获利行为。因此，效率本身就可以促进人们为自身获取财富而努力工作，或将拥有的财富应用于经济最需要的地方，从而实现资源的最优配置。市场、自由、效率三者拥有非常密切的关系，三者是统一的。没有自由的市场自然是没有效率的。没有效率的市场也不可能真正实现人人自由发展、人人机会平等。弗里德曼认为凡是拥有自由的地方，就会拥有机会的平等，人人就会努力工作，通过竞争为自身获取巨大财富，才能使得人类创造前所未有的财富，社会的运行才是有效率的。相反，没有自由的市场则不会使得人人拥有同样的机会，自然也是缺乏效率的，也会因为某些人拥有特权和机会不等而造成社会贫富差距越来越大。凯恩斯（1994）认为现实生活的最显著特点是就业不充分，缺少公平合理的制度对财富与收入进行分配。国内学者郑国坚（2009）关于效率优先提出这样的观点：效率可以促进盈余的管理。学者陈松源（1997）提出我国效率优先的本质是在社会主义背景下的公平原则。

从伦理学的角度出发，人们之所以认为应当效率优先主要是遵循私有财产不可侵犯的原则。许多西方经济学家以及伦理学家都认为，只要财产是通过合法的手段获得，我们就没有任何权利去剥夺私人自身拥有的财产。从一方强制剥夺其自身拥有的财产去分给另一部分本不应当拥有这笔财富的人，是对人类自由的干涉，是对人身权利的严重侵犯。诺齐克从伦理学的角度极其维护私有财产的保护。他提出了权利正义理论，该理论是从伦理学的角度对效率优先理论进行的很好的论证。他认为私有财产神圣不可侵犯，如果人人对其拥有的财产都有完全的分配权，而不会被其他方限制，那么这种分配就是公平的。由此，我们可以看出，诺齐克是极其保护私有财产所有权的，不管人与人拥有的财富之间的差距有多大，只要人人的财产都是合法所得，就都不应该被强制分配，因为他认为强制分配某人的私有财产是严重侵害上天赋予个人的权利的，是非常严重的一件事。通过上述分析，我们也可以看出，伦理学的观点主张的是私有财产权的保护，反对对私有财产做出强制分配，除非交易双方是自由的，否则任何人都无权做出这样的行为。

2.4.2 公平优先理论

公平优先理论则与效率优先理论观点不同，它提出经济发展过程中必须将公平放到第一位，出现不均衡时应当由政府进行重分配，实现社会财富的公平分配，保证人们的平等权利，缩小社会两极分化，达到社会的共同富裕。可见，公平优先理论是主张政府采取合理的干预手段的，是承认市场可能出现失调现象的。公平优先理论的学者认为，在现实社会中，并不存在效率优先理论假设条件中的人人机会平等、人人生来平等。在现实社会中，不同人的出生就决定了他所拥有的财富的多少、资本的多少、社会地位，以及社会与自然的禀赋。由于人人生来不平等，拥有的社会关系不同等，甚至社会种族和地域歧视的存在，市场无法按照效率优先理论那样使社会公平、有效率地运行。如果没有政府的调节，则必将造成富人越来越富，穷人越来越穷，反而影响了社会效率的实现。公平优先理论的学者主要强调社会人人公平，但这种公平不是金钱所能衡量的。公平的实现必须要依靠第三方进行调节。

德沃金与其他自由经济学家不同，他认为平等是政治社会至高无上的美德。但同时，他认为的平等并非与自由是不相容的，平等是与自由可以相互容纳的。他认为平等是每一个珍惜自由的人所应当珍惜的。平等是自由以及其他权利的基础。没有平等，那么自由和其他权利也就荡然无存。这就是其理论与效率优先理论不相同的地方。因为效率优先理论主张自由的假设条件是人人是平等的，但在现实社会中，由于个人占有资源的不同、出生家庭背景的不同、个人禀赋的不同，平等是不存在的，效率是无法达到自由实现的。德沃金主张的平等是人人拥有资源的平等，是人人拥有同等的奋斗基础。许多人认为要达到社会的平等就要对所有的社会财富进行平均分配。但德沃金认为应当给予每个人同等的金钱或贝壳，社会所有财富在市场上进行拍卖，人人都会选择自己需要的东西，不会去选择别人需要的东西，这样也就不会带来人与人之间的妒忌。德沃金的这种假设其实就是假设每个人拥有同等财富、同等背景等条件进入市场。他将市场作为一个实现平等的场所，而不再是人人竞争、人人争夺资源最终扩大贫富差距的场所。德沃金的理论其实也是“按需分配理论”的体现，强调完全绝对的公平。

2.4.3 公平与效率并重理论

公平与效率并重理论提出公平与效率二者同等重要。格罗夫斯-克拉克机制和迪克塞-奥尔森模型针对公平与效率并重进行了相应的研究，经过分析得出结论，他们认为从理论上来讲公平与效率两个目标完全可以兼顾，但是现实中的制度以及人性理论的存在使得在不同时期或者在同一时期的不同地区，对这两个目标进行的权衡是人们需要进一步研究的内容。同时，在经济社会领域，公平与效率总是表现为人与人之间特定的关系束，这种关系束的相互性决定了公平与效率的相互性。

在市场经济环境中，政府、企业、各种金融机构、群众之间存在着种种联系与沟通，这些联系与沟通终究是人与人之间的关系。正是这些普遍存在着的联系，构成了一个相互联系的世界。事物之间具有互补性，因此，必然存在着公平与效率的问题。公平是一种以契约形式规范的人与人之间的特定关系，效率就是在契约规范要求下实现其目标的速度及结果的有效性，而这种契约的公平与效率正是建立在“经济人”假设与理性预期的基础之上的。在经济发展过程中，如果将效率放在第一位，则可能造成社会两极分化、社会的不公平，而社会的不公平也会进一步影响人们的工作积极性，影响经济发展的效率。如果将公平放在第一位，则有可能影响市场的正常运行，不利于放活市场及提高市场的自由竞争程度，可能会影响经济的发展效率，而经济发展效率受到影响则会使得公平的质量受到巨大影响。因此，对于公平与效率哪个更重要，公平与效率兼顾理论强调公平与效率是相辅相成、对立统一的，在经济发展过程中应将二者放到同等的位置来看待。因此，这种理论寻求的是既能使市场有效运行，同时又能消除贫富差距扩大所造成的负面影响。

阿瑟·奥肯是持有这种理论的经济学家的典型代表，他认为，经济在其运行过程中既要按照市场机制运行，但要进行适当限制，同时在市场运行过程中，又要考虑收入的均衡化，仍然要适度。由于市场自由运行有利于经济效率的提高，但市场运行有其自身的弱点，由于市场的不完善，可能出现调节失败，甚至造成社会两极分化。因此，我们既要坚持市场经济，同时又要对其缺点加以防范。政府的宏观调控通过财富的再分配可能提高社会的公平程度。但政府如果过度地实施宏观调控，则会阻碍市场经济的发展，并且会滋生官僚主义。奥肯认为在社会上应至少在原则上将公平放在第一位，实现社会公平，但在市场经济中则应当将效率放在第一位，实现经济的发展。因此，事实上奥肯认为社会可以将效率优先用于发展经济，对得到的财富再利用社会公平进行社会的再分配，最终达到既使经济高速增长又不违反公平原则，实现全社会的福利的提高。奥肯认为，社会上的效率和公平有时是可以交换的，并且只要是有价值的交换，交换双方都是自愿的，则这种交换是有意义的。也就是说，在社会发展中，只要有意义，那么在交换公正、客观的情况下，我们可以为了得到效率而牺牲公平，也可以为了公平而牺牲效率。阿瑟·奥肯还认为市场经济条件下，虽然公平与效率存在矛盾，但二者完全可能互相妥协，所以在公平与效率、结果均等与机会均等之间社会可能达成妥协。他还提出过公平与效率并重，通过为平等注入合理性、为效率注入人道而实现。这就是为什么我们国家由原来的效率优先兼顾公平，转变为现在的公平和效率都要兼顾的政策。正如陈永杰（2006）的比喻，他认为公平与效率就像一个硬币的两面。因为公平才会产生效率，而效率反映的正是公平，两者相辅相成，公平作为前提，效率是其产生的结果。此外，如果公平和效率可交换，则交换是有意义的，这种交换可能是因为增加公平带来的效益减去较低效率带来的损失大于零，或者增加效率带来的收益减去降低公平带来的损失大于零。无论何种原因，最终交换的结果必然是一方不能再向另一方进行转化，实现最终的公平与效率之间的均衡。

新中国成立以后，在我国的发展历程中，关于效率与公平的问题经历了公平优先、以公平为主兼顾效率，效率优先、兼顾公平，公平和效率兼顾的三大阶段。在新中国成立初期，由于处于摸索阶段，我们没有很好地了解我国的国情，采用计划经济体制，实行“大锅饭”“大跃进”等政策，实现人人公平，反对搞资本主义。此时，虽然看似很好地实现了公平，但这时的公平是低质量的，是共同贫穷的公平。十一届三中全会以后的一段时间，我国开始了以计划经济为主、逐步开放市场经济的政策导向，此时的经济有了一定的发展，是公平优先、兼顾效率的体现。我国实行改革开放并完全确定市场经济体制后，大力发展经济，放活经济，极大促进了经济的增长，但是效率优先、兼顾公平在一定程度上造成了我国贫富差距的加大，对经济发展产生一定的负面影响。在社会主义和谐社会的不断发展与完善过程中，城乡和谐为其一特征，而其标准应兼顾公平与效率，将市场经济体制与政府的宏观调控手段相配合。我国通过税收改革以提高公平与效率，从而能够有效地解决或降低资产证券化过程中对税收政策的实施误差，有利于促进市场经济的有序发展。因此，我国在十七大中提出了效率和公平兼顾的理论，以使社会实现又好又快的发展。

2.5 本章小结

本章对增值额、公平、效率以及公平与效率二者之间的关系进行了理论性的介绍。从以上分析中，我们可以看出增值额的研究更加注重的是股东、债权人、员工、企业、政府等利益相关者的利益之间的协调以及他们的收益总额的研究。因此，增值额的研究更加注重除股东以外的利益相关者的利益和其承担的社会责任的大小。增值额的应用范围也非常广泛，在会计、税法、统计、经济学中均有很大程度的应用，尽管不同应用领域内其概念的差别较小，但具体的计算方法却不同。增值额和经济增加值不同，前者倾向于利益相关者的利益，后者更加注重企业除去所有利益相关者分配利润后的企业剩余收益，是股东决定是否进行经营的主要参考依据。本章还分析了增值额与 GDP 的关系：GDP 是经济学的一个统计指标，是各个微观主体增值额的和，是宏观的概念，是对增值额的一个应用；而增值额不仅可以用于宏观衡量，也可以用于微观衡量，微观衡量某个公司的增值额更能看出一个公司履行的社会责任。增值额研究的应用使得企业更加注重各方利益的协调，可以提高公司运行的效率，同时提高各方分配的公平性。

公平的概念在中国有着悠久的历史，本章将公平分为西方的公平、马克思主义政治经济学下的公平以及我国学者对公平的理解，并从社会、政治、经济、文化以及个人与个人之间关系等方面分析了影响公平的因素。简单地说，效率是产出与投入比。社会的资源是有限的，为研究如何利用有效的资源，更加有效地发挥资源的作用，实现资源的最优整合，最终实现更大的价值，本章分析了帕累托等各类经济学家对效率的定义，分析效率的衡量，最后将有关效率的影响因素理论分为分工理论、竞争理论、激励机制理论，以及其他相关理论，并分别对其进行详细介绍。关于效率与公平的关系，本章主要从效率优先理论、公平优先理论以及效率和公平兼顾理论三个角度进行介绍。研究效率优先理论的学者大多反对政府对市场经济的任何干预。他们主要从经济学的角度和伦理学的角度加以论述。公平优先理论则与效率优先理论观点不同，这类经济学家认为在经济的发展过程中必须将公平放到第一位，出现不均衡时应当由政府进行重分配，实现社会财富的公平分配，保证人们的平等权利，缩小社会两极分化，达到社会的共同富裕。公平与效率均衡理论提出，如果公平和效率可交换，则交换是有意义的，这种交换可能是因为增加公平带来的效益减去较低效率带来的损失大于零，或者增加效率带来的收益减去降低公平带来的损失大于零。无论何种原因，最终交换的结果必然是一方不能再向另一方进行转化，实现最终的公平与效率之间的均衡。

3 我国上市公司增值额分配比率特征的实证分析

3.1 研究设计

3.1.1 样本选择与数据来源

以中国 A 股上市公司 2003—2009 年的数据为研究样本。对增值额分配比率分布进行分析之前，对数据进行预处理，一般对数据作这些处理是为了消除某些特殊数据的干扰，或使数据具有一定的特性，便于研究模型的使用，或适应统计检验的要求。这里首先必须剔除影响样本分布特征的污染数据。从统计学角度看，受污染的数据来自于非正态分布总体或来自于与正常数据分布参数不同的分布总体，这些异常分布的数据会对分布特征产生不利影响（Frecka and Hopwood，1983）。从会计学角度看，公司濒临破产时，其净资产为负，财务报告作假或面临资产重组、资产收购等重大财务变动等，均会使公司的数据异常化。

样本筛选步骤如下：

（1）为了避免异常值的影响，剔除每年被 ST 和 PT 的公司；

（2）剔除数据不全的公司；

（3）剔除被查出财务报告作假的公司；

（4）剔除经历资产重组、资产收购、资产剥离等重大资产和财务变动的公司；

（5）剔除各变量 1%以下和 99%以上的极端值。

有关上市公司数据来自于 CCER 数据库以及中国证券监督管理委员

会网站，使用的统计分析软件是 STATA 10.0 和 Minitab 13。

3.1.2 变量的定义

前面我们介绍了增值额的概念、增值额的衡量方法，下面我们结合利益相关者理论来分析进行增值额分配时应该包含哪些内容。当前企业价值增值不仅仅依靠财务资本，更依赖于诸如企业的商誉、各种专利技术、人力资本之类财务报表以外的非财务因素，而且这些构成了企业价值增值的重要来源（Haller 和 Stolowy，1998）。现有研究表明，基于增值表计算得来的指标是有效的诊断与预测工具（Morley，1978），其相对于基于净利润等数据计算出来的指标具有更多信息价值（Ahmed，1999）。国内外众多学者在增值额的衡量方面做了有益的尝试，但是尚未取得共识。增值额是一个比净收入更广泛的衡量企业业绩的工具，因为它并不只关注股东利益，在利益分配的同时还揭示了“收益归属”，即各利益相关者的利益分配状况。

增值额通过识别公司的每个过程的参与者，如利益相关者，像劳动力、税收等的产出分配，不仅能提供经济信息，而且还提供了社会信息。增值额的理论不仅揭示了“个体收益”属于谁，而且它要求企业必须将其增值额分发给所有的利益相关者。那么我国 A 股上市公司的增值额是怎样分配的？这些分配比率有哪些特征呢？这就是本书研究的中心。下文在分析增值额分配比率时将用工资和薪金反映支付给员工的报酬，用税收反映支付给政府的报酬，用利息反映支付给债权人的报酬，用股利反映支付给股东的报酬，用企业留存收益来反映企业留存，具体见表 3-1。

表 3-1　**增值额分配比率定义**

变量名称	变量代码	计算方法
政府报酬率	RG	税收/增值额
员工报酬率	RE	工资和薪水/增值额
债权人报酬率	RD	利息/增值额
股东报酬率	RS	股利/增值额
企业留存率	NAP	留存收益/增值额

（1）政府报酬率。这里我们用税收与增值额的比值来反映政府的报酬率。当今社会，政府与企业的和谐共存是企业长远发展和实现其社会责任的需要。从政府所得占增值额的比率即政府报酬率，可以得知企业税负的轻重。在我国，大部分人都认为政府获得的利益太多，企业的税负过重，且税收去向不明。近年来，我国税收政策一直在不断完善，在兼顾了多方面的影响因素后，推出了区域性税收优惠、行业性税收优惠以及出口退税优惠等政策。而且，随着我国所得税税率从33%下降到25%，企业的税负将会进一步减轻。但是政府报酬率仍需要科学合理，才能保证政府与企业和谐共存。

（2）员工报酬率。员工报酬率就是企业发给工人的工资和薪金的金额与增值额的比值。我国企业内部管理长期以来一直存在着员工和管理者相对立的问题，这主要是由员工的地位与他们的现实收入不匹配引起的。在员工报酬与增值额之间确定一种合理的比率关系，将企业发展的总体目标分解为员工的个人目标，就可以提高员工的劳动积极性，从而使员工为企业创造更大的效益。如果规定员工报酬率，超额给以奖励，并且所得的奖励和付出的劳动成正比关系，那么员工将会更加努力工作，企业也会在物质和能源方面节约消耗，每元工资薪金所创造的财富也会越多。

（3）债权人报酬率。债权人报酬率是否合理，与企业的资产负债率的高低有着密切关系，它决定了企业生存和发展的风险大小。债权人所得占增值额的比例高，表明企业的资产负债率高。之前的金融危机提醒人们：不合理的债权人报酬率会对企业的价值造成损害。

（4）股东报酬率。股东报酬率的高低，可以反映投资者享有增值额份额的高低。本书用分配股利来反映股东的报酬。股利的分配不仅关系着企业股东的利益，还关系到企业的未来发展。如果支付较高的股利，会使股东获得可观的投资收益，还有可能导致企业股票价格的上升。但是过高的股利，会使企业的留存利润减少，或者影响企业的未来发展，或者因增发新股、举债而增加资本成本，最终影响企业的未来收益。如果支付较低的股利，虽然可以使企业留存较多的发展资金，但可能会与部分企业股东的愿望相背离，甚至使企业形象受损。因此，只有合理的股东报酬率，才能激励股东进行投资，同时保证企业充裕的现金流和较强的资金实力。

（5）企业留存率。企业的留存收益是企业从历年实现的利润中提取或留存于企业的内部积累，它来源于企业的生产经营活动所实现的净利润，企业留存收益的多少关系到企业的长期可持续发展。本书用留存收益与增值额的比值来表示企业留存率。我国企业的积累率偏低，企业留存收益不足以满足企业发展需要，长期的资金短缺导致企业对资金过度渴求。这就呼吁企业提高对留存率的重视，找到合适的企业留存率，以保证企业的持续经营和发展。

3.1.3 研究方法

（1）非参数检验

非参数检验（Nonparametric Tests）是统计分析方法的重要组成部分，它与参数检验共同构成统计推断的基本内容。参数检验是在总体分布形式已知的情况下，对总体分布的参数——如均值、方差等——进行推断的方法。但是，在数据分析过程中，由于种种原因，人们往往无法对总体分布形态作简单假定，此时参数检验的方法就不再适用了。非参数检验正是一类基于这种考虑，在总体方差未知或对其知道甚少的情况下，利用样本数据对总体分布形态等进行推断的方法。由于非参数检验方法在推断过程中不涉及有关总体分布的参数，因而得名“非参数检验”。非参数检验主要包括：Chi-Square 过程、Binomial 过程、Runs 过程、K-S 过程、K-W 过程等。本书主要选用了 K-S 过程、K-W 过程。

（2）均数间比较

均数间比较（Compare Means）主要包括以下几个计量样本数据均值间比较的过程：Means 过程、One-Sample T Test 过程、Independent-Samples T Test 过程、Paired-Samples T Test 过程、One-Way ANOVA 过程。本书主要采用的是 Means 过程，因为与其他四种方法比较而言，Means 过程的优势在于可以将各组的样本放在一起相互比较。

（3）对应分析

对应分析（Correspondence Analysis）也称关联分析、R-Q 型因子分

析，是近年新发展起来的一种多元相依变量统计分析技术，通过分析由定性变量构成的交互汇总表来揭示变量间的联系。对应分析，既可以揭示同一变量的各个类别之间的差异，也可以揭示不同变量各个类别之间的对应关系。

本书选用对应分析方法来分析增值额分配比率与行业之间的联系，主要是考虑到对应分析的基本思想是把一个列联表中行和列各因素的比例以点的形式表现出来，是从高维空间向量向低维空间投影，以此来揭示变量和样本之间的相关关系及相关程度。它把 R 型因子分析和 Q 型因子分析结合起来，通过少数几个公共因子的综合指标来描述研究对象在空间上的联系，对变量和样本的状态进行分析。它不仅可以揭示五个增值额分配比率之间与十个行业之间的差异，还可以揭示不同增值额分配比率与不同行业之间的对应关系。

具体步骤如下：

设 x_{ij} 表示第 j 个指标的第 i 个样本的观测值，原始数据矩阵为：

$$X=\begin{bmatrix} x_{11} & x_{12} & \cdots & x_{1p} \\ x_{21} & x_{22} & \cdots & x_{2p} \\ \vdots & \vdots & & \vdots \\ x_{n1} & x_{n2} & \cdots & x_{np} \end{bmatrix} \quad (3.1)$$

① 令：

$$x_{..}=\sum_{i=1}^{n}\sum_{j=1}^{p}x_{ij}$$

② 根据原始数据矩阵 X 计算规格化新矩阵 P 和数据变换矩阵 Z，计算见公式（3.2）和公式（3.3）：

$$P=(p_{ij})_{n\times p} \quad (3.2)$$

$$p_{ij}=\frac{x_{ij}}{x_{..}} \quad (i=1,\ \cdots,\ n;\ j=1,\ \cdots,\ p)$$

式中：p_{ij}——每个元素出现的概率。

$$Z=(z_{ij})_{n\times p} \quad (3.3)$$

$$z_{ij}=\frac{p_{ij}-p_{i.}p_{.j}}{\sqrt{p_{i.}p_{.j}}} \quad (i=1,\ \cdots,\ n;\ j=1,\ \cdots,\ p)$$

$$p_{.j}=\sum_{i=1}^{p}p_{ij}$$

式中：$p_{.j}$——样本 j 的边际概率。

$$p_{i.}=\sum_{j=1}^{n}p_{ij}$$

式中：$p_{i.}$——变量 i 的边缘概率。

③ 计算协方差矩阵 S_R：

$$S_R=Z'Z=(a_{ij})_{p\times p} \tag{3.4}$$

$$a_{ij}=\sum_{k=1}^{n}z_{ki}z_{kj}\ (i,\ j=1,\ 2,\ \cdots,\ p)$$

矩阵 Z 为对原始数据进行对应变换后的矩阵。

④ 因子分析。R 型：计算协方差矩阵 $S_R=Z'Z$ 的特征根 $\lambda_1\geqslant\lambda_2\geqslant\cdots\geqslant\lambda_p$，一般按贡献率 ≥80% 取前 m 个特征根，并计算相应的特征向量 u_1，u_2，…，u_m，得 R 型因子载荷矩阵：

$$F=\begin{array}{c} \begin{matrix} F_1 & F_2 & \cdots & F_m \end{matrix} \\ \begin{bmatrix} u_{11}\sqrt{\lambda_1} & u_{12}\sqrt{\lambda_2} & \cdots & u_{1m}\sqrt{\lambda_m} \\ u_{21}\sqrt{\lambda_1} & u_{22}\sqrt{\lambda_2} & \cdots & u_{2m}\sqrt{\lambda_m} \\ \vdots & \vdots & & \vdots \\ u_{p1}\sqrt{\lambda_1} & u_{p2}\sqrt{\lambda_2} & \cdots & u_{pm}\sqrt{\lambda_m} \end{bmatrix}\end{array} \tag{3.5}$$

$$u_{\cdot i}=(u_{1i},\ u_{2i},\ \cdots,\ u_{pi})$$

Q 型：对上述 m 个特征根 $\lambda_1\geqslant\lambda_2\geqslant\cdots\geqslant\lambda_p$，计算矩阵 $S_Q=ZZ'$ 的特征向量 $V_1=Zu_1$，$V_2=Zu_2$，…，$V_m=Zu_m$，再将特征向量单位化，得 Q 型因子载荷矩阵：

$$G=\begin{array}{c} \begin{matrix} G_1 & G_2 & \cdots & G_m \end{matrix} \\ \begin{bmatrix} v_{11}\sqrt{\lambda_1} & v_{12}\sqrt{\lambda_2} & \cdots & v_{1m}\sqrt{\lambda_m} \\ v_{21}\sqrt{\lambda_1} & v_{22}\sqrt{\lambda_2} & \cdots & v_{2m}\sqrt{\lambda_m} \\ \vdots & \vdots & & \vdots \\ v_{p1}\sqrt{\lambda_1} & v_{p2}\sqrt{\lambda_2} & \cdots & v_{pm}\sqrt{\lambda_m} \end{bmatrix}\end{array} \tag{3.6}$$

$$v_{\cdot i}=(v_{1i},\ v_{2i},\ \cdots,\ v_{pi})$$

⑤在同一坐标轴上作图。由于 S_R 和 S_Q 具有相同的非零特征根，变换后的数据对行、列都是对等的，这样就建立了对应分析中的 R 型和

Q 型因子分析的关系。因而可依据对应分析图剖析，并对各变量进行对应分析。

3.2 基于 Box-Cox 变换的增值额分配比率的正态化处理

在实证检验之前，本书首先对数据进行了 Box-Cox 变换的正态化处理。本书借鉴薛跃等（2005）的思想，将各个增值额分配比率当成相互独立的随机变量，采用单变量分析方法来分析其分布特征。截面财务数据的本质均是多维变量，由于以多元分布的边缘正态分布来近似联合正态分布有较高的精度，所以财务统计模型使用单变量分析方法来代替多维联合正态分布方法更具有科学性。本书使用非参数检验中的单样本柯尔莫哥诺夫–斯米尔诺夫检验（Kolmogorov-Smirnov Test，简称 K-S 检验），比较样本观测的经验累积频率分布与理论累积频率分布是否存在显著的差异，以此来判别增值额分配比率是否符合正态分布，最后运用 Box-Cox 变换来改进数据使其符合正态分布。

3.2.1 正态分布检验

表 3-2 是 2003—2009 年增值额分配比率原始数据的分布特征，描述了数据分布的矩特征。其中，“年度最大值”指的是对应指标在 7 年中增值额分配比率数据矩的最大值，同理可知“年度最小值”。

不同年度增值额分配比率的平均值相对差异和方差差异均较小，其中差异最大的均是企业留存率。在分配比率指标中，五个指标的偏度、峰度均为正且差异较大。对偏度和峰度进行 u 检验时发现，各个分配比率数据的｜u｜检验值均大于 2.58，这表明，在 99%的置信水平上，各个年度的分配比率数据均为有偏且不是正态峰，并不服从正态分布。从 K-S 检验的结果来看，K-S Z 值及正态分布双侧显著水平显示，除 RG 之外，其他四个指标均不服从正态分布。在 Q-Q 图和直方图上也只有 RG 近似正态分布。

表 3-2　　2003—2009 年增值额分配比率分布特征

N=3 176		RE	RG	RD	RS	NAP
平均值	全部数据	0.304	0.288	0.092	0.120	0.196
	年度最大值	0.318	0.314	0.104	0.133	0.235
	年度最小值	0.287	0.277	0.079	0.110	0.165
	最大/最小	1.108	1.134	1.316	1.209	1.424
方差	全部数据	0.021	0.012	0.006	0.010	0.017
	年度最大值	0.023	0.013	0.007	0.011	0.021
	年度最小值	0.017	0.011	0.005	0.008	0.013
	最大/最小	1.353	1.182	1.400	1.375	1.615
偏度	全部数据	0.294	0.377	1.589	1.433	1.066
	年度最大值	0.391	0.474	1.929	1.729	1.254
	年度最小值	0.198	0.252	1.112	1.192	0.692
峰度	全部数据	2.633	3.193	6.876	5.805	4.538
	年度最大值	2.877	3.593	8.299	7.155	5.592
	年度最小值	2.484	2.833	4.435	4.318	3.688
K-S Z 值（全样本）		1.660	1.196	6.631	6.361	4.201
P 值（全样本）		0.008	0.115	0.000	0.000	0.000

3.2.2 Box-Cox 变换

对非正态数据常用的数据转换方式主要有对数变换、平方根变换、倒数变换、幂变换等，这类方法坚持正态性假设，通过数据转换函数将数据正态化，但实际中往往不能达到预期目的（徐小红等，2007）。Box 和 Cox（1964）提出了幂变换簇的思想，即著名的 Box-Cox 变换。Box-

Cox 变换模型不需要任何先验信息，具有灵活的参数形式，而且可以使数据近似满足误差分布正态性、线性和误差方差齐性，在经济建模中应用广泛而且效果甚好。本书采用 Box-Cox 变换来改进原始数据的正态分布特性。

Box-Cox 变换的形式为：

$$y^{(\lambda)} = \begin{cases} \dfrac{y^{\lambda} - 1}{\lambda} & \lambda \neq 0 \\ \ln y & \lambda = 0 \end{cases} \tag{3.7}$$

Box-Cox 正态性变换就是寻找参数 λ 值，使得变换后的数据更接近正态分布。显然，当 λ=-1 时为倒数变换，λ=0 时为对数变换，λ=0.5 时为平方根变换。

Box-Cox 变换还有一个扩展形式：

$$y^{(\lambda)} = \begin{cases} \dfrac{(y + a)^{\lambda} - 1}{\lambda} & \lambda \neq 0 \\ \ln(y + a) & \lambda = 0 \end{cases} \tag{3.8}$$

式中：a——为了使 $y + a > 0$。

经过 Box-Cox 变换的处理，表 3-3 列示了数据在变换前后的偏度和峰度的比较。从表中我们可以发现，经过 Box-Cox 变换处理后的数据偏移程度几乎为 0，峰度也有所变小，即数据均无偏，且具有较小的正偏峰。

表 3-3　　**2003—2009 年增值额分配比率正态性分析**

变量	原始数据		Box-Cox变换改进后的数据	
	偏度	峰度	偏度	峰度
RE	0.294	2.633	-0.000	2.440
RG	0.377	3.193	-0.000	2.861
RD	1.589	6.876	0.000	2.358
RS	1.433	5.805	0.000	2.355
NAP	1.066	4.538	-0.000	2.512

注：Box-Cox 变换后数据的偏度较小，表中仅保留了小数点后三位，变量的实际偏度依次为-0.0003936、-0.0000431、0.0000191、0.0000411、-0.000000533。

表 3-4 中列示了经过 Box-Cox 变换后的变量的正态性检验结果。Box-Cox 变换的一个思想是利用最大似然估计，可以估算 λ 的 95%置信区间和 λ 的极大似然估计量。本书的变量经过 Box-Cox 变换后的 λ 值可见表 3-4 中的 theta 值那一列。经过 Box-Cox 变换后，我们可以发现，五个变量均符合正态分布。从 Q-Q 图和直方图上来看，五个变量均已接近正态分布，由于篇幅有限未列示。

表 3-4　　Box-Cox 变换后的变量的正态性检验结果

变量	theta	标准偏差	Z	P>|Z|	95%置信区间	
RE	0.688	0.028	24.540	0.000	0.633	0.743
RG	0.673	0.345	19.530	0.000	0.606	0.741
RD	0.347	0.013	26.900	0.000	0.322	0.372
RS	0.368	0.014	26.530	0.000	0.340	0.395
NAP	0.447	0.017	25.560	0.000	0.413	0.481

注：表中的 theta 值就是 Box-Cox 变换的 λ 值，Z 是检验统计量值，P 是概率值。

3.3 增值额分配比率特征的差异分析

3.3.1 增值额分配比率的行业差异分析

（1）行业分类

本书采用中国证券监督管理委员会（以下简称证监会）2001 年 4 月发布的当时用于中国上市公司行业分类的官方标准——《上市公司行业分类指引》（以下简称《指引》）——进行行业划分，它也是比较科学的行业分类标准。[①]《指引》以在中国境内证券交易所挂牌交

① 中国证监会 2012 年 10 月 26 日发布修订后的《上市公司行业分类指引（2012 年修订）》（证监会公告〔2012〕31 号），该《上市公司行业分类指引（2012 年修订）》自公布之日起施行，2001 年中国证监会公布的《上市公司行业分类指引》同时废止。因本书研究选取的是 2003—2009 年上市公司数据，因此仍采用 2001 年中国证监会公布的《上市公司行业分类指引》。——编者注

易的上市公司为基本分类单位；规定了上市公司分类的原则、编码方法、框架及其运行与维护制度；为非强制性标准，适用于证券行业内的各有关单位、部门对上市公司分类信息进行统计、分析及其他相关工作。《指引》为三级分类，包括 13 个门类、91 个大类和 288 个小类。原则上，分类是以上市公司营业收入等财务数据为主要分类标准和依据，所采用财务数据为经过会计师事务所审计并已公开披露的合并报表数据。当上市公司某类业务的营业收入比重大于或等于 50%，则将其划入该业务相对应的行业。当公司没有一类业务的营业收入比重大于或等于 50%时，如果某类业务营业收入比重比其他业务收入比重均高出 30%，则将该公司划入此类业务相对应的行业类别；否则，将其划为综合类。

在分行业研究增值额分配比率特征时，剔除金融业、特征不明显的综合类和上市公司数目小于 10 家的传播文化业上市公司，最终只保留了 10 个行业（采掘业、房地产业、交通运输业、农林牧渔业、建筑业、社会服务业、信息技术业、批发零售业、煤气电力业和制造业）作为研究样本。

（2）增值额分配比率的行业差异分析

A 股上市公司 2003—2009 年各行业各增值额分配比率均值及行业总体均值统计结果见表 3-5。表 3-5 中的数据显示：政府报酬率（RG）、员工报酬率（RE）、股东报酬率（RS）、债权人报酬率（RD）和企业留存率（NAP）的最大总体均值依次在房地产业、信息技术业、交通运输业、农林牧渔业和采掘业；最小总体均值依次在社会服务业、房地产业、建筑业、采掘业和农林牧渔业。

从图 3-1 整体趋势可以看出：股东报酬率（RS）和债权人报酬率（RD）位于五项指标的下游；处于中间位置的是企业留存率（NAP）；政府报酬率（RG）则略高于企业留存率（NAP）；而有八个行业的员工报酬率（RE）均是所在行业五项增值额分配比率中的最大值。

表 3-5　　各行业增值额分配比率的描述性统计特征

项目		RG	RE	RS	RD	NAP
采掘业	均值	0.263	0.346	0.069	0.064	0.258
	最大值	0.287	0.407	0.088	0.086	0.303
	最小值	0.230	0.313	0.043	0.033	0.167
	标准差	0.022	0.034	0.018	0.022	0.049
房地产业	均值	0.308	0.259	0.136	0.107	0.190
	最大值	0.347	0.200	0.155	0.149	0.342
	最小值	0.267	0.121	0.115	0.049	0.228
	标准差	0.035	0.032	0.017	0.033	0.046
建筑业	均值	0.282	0.311	0.069	0.105	0.234
	最大值	0.347	0.200	0.155	0.149	0.342
	最小值	0.267	0.121	0.115	0.049	0.228
	标准差	0.009	0.045	0.021	0.020	0.069
交通运输业	均值	0.242	0.311	0.160	0.069	0.218
	最大值	0.239	0.293	0.214	0.101	0.388
	最小值	0.163	0.234	0.113	0.046	0.212
	标准差	0.027	0.022	0.038	0.018	0.066
煤气电力业	均值	0.274	0.271	0.134	0.117	0.205
	最大值	0.319	0.255	0.182	0.187	0.367
	最小值	0.240	0.200	0.092	0.073	0.166
	标准差	0.033	0.023	0.037	0.042	0.089
农林牧渔业	均值	0.246	0.335	0.095	0.143	0.180
	最大值	0.179	0.374	0.135	0.287	0.203
	最小值	0.121	0.304	0.051	0.211	0.148
	标准差	0.023	0.024	0.033	0.033	0.022

续表

项目		RG	RE	RS	RD	NAP
批发零售业	均值	0.278	0.304	0.072	0.103	0.243
	最大值	0.311	0.349	0.097	0.109	0.332
	最小值	0.243	0.266	0.048	0.099	0.138
	标准差	0.031	0.037	0.019	0.003	0.088
社会服务业	均值	0.220	0.315	0.143	0.109	0.214
	最大值	0.245	0.343	0.238	0.131	0.299
	最小值	0.195	0.269	0.077	0.073	0.124
	标准差	0.017	0.031	0.058	0.021	0.073
信息技术业	均值	0.228	0.366	0.087	0.081	0.238
	最大值	0.261	0.423	0.128	0.099	0.320
	最小值	0.191	0.332	0.053	0.068	0.129
	标准差	0.024	0.037	0.026	0.010	0.082
制造业	均值	0.286	0.310	0.076	0.101	0.226
	最大值	0.290	0.330	0.115	0.122	0.369
	最小值	0.216	0.267	0.055	0.093	0.174
	标准差	0.027	0.026	0.024	0.011	0.079

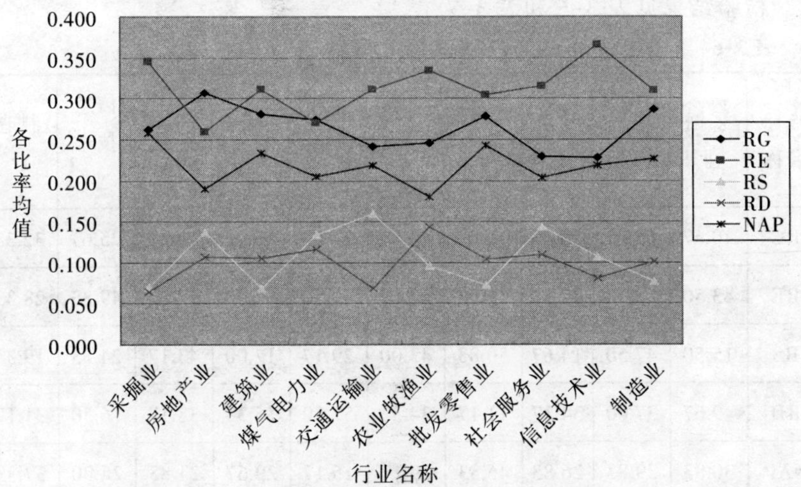

图 3-1 各行业增值额分配比率特征折线图

研究结果表明，A 股上市公司各行业的企业留存率（NAP）的分布位置虽然有显著的差异，但是总体来看该比率在五项增值额分配比率中的位置不会因行业的不同而发生变化，它总是位于中间位置。本书认为每个行业中的企业，追求生存和发展的理念都是一致的。不论企业属于哪个行业，不论企业的资产和规模大小，也不论企业盈利多少，每个企业在分配增值额或者剩余价值或者利润时，都会留存一部分作为企业持续经营的资本。而本书的研究结果则证明了这一点。不同行业的股东报酬率（RS）和债权人报酬率（RD）存在着明显的差异。这可能与行业的性质和特点有关，不同行业的企业的经营和投资风险以及盈利能力不同，因此股东和债权人能得到的报酬也会随行业的不同而产生变化。

前面是 A 股上市公司中十个行业增值额分配比率的描述性统计特征，为了验证本书所得研究结果是否存在显著差异。本书对 2003—2009 年这十个行业各增值额分配比率均值的差异性进行假设检验。由于本书所得数据的总体分布未知，因此在做统计分析时选择了非参数统计非参数检验。在比较多种检验方法后，这里引入了比较适合的 Kruskal-Wallis H 检验。

检验结果见表 3-6 和表 3-7。

表 3-6　Kruskal-Wallis H 检验的平均秩（置信水平 99%）

指标名称	采掘业	房地产业	建筑业	煤气电力业	交通运输业	农林牧渔业	批发零售业	社会服务业	信息技术业	制造业
RG	40.67	53.67	25.33	12.67	44.83	4.00	46.00	19.83	25.67	32.33
RE	43.50	3.50	47.33	16.50	10.67	40.50	31.00	33.83	49.83	28.33
RS	15.50	47.50	14.67	50.83	43.00	29.17	17.00	43.17	24.83	19.33
RD	9.67	37.00	34.17	11.17	34.33	57.50	35.33	38.17	16.50	31.17
NAP	30.83	39.83	26.83	46.33	29.17	15.17	29.67	21.83	28.00	37.33

表 3-7　　Kruskal-Wallis H 检验的 H 值和 P 值（置信水平 99%）

变量	RG	RE	RS	RD	NAP
H值	44.719	44.470	36.111	37.097	34.105
P值	0.000	0.000	0.000	0.000	0.001

表 3-6 和表 3-7 的 Kruskal-Wallis H 检验结果表明：五项增值额分配比率的 P 值均小于 0.01，说明 2003—2009 年之间十个行业的增值额分配比率的分布位置有显著差异。这进一步反映出行业的性质对增值额分配比率有着明显的影响。

（3）基于行业差异视角的增值额分配比率的对应分析

前文的描述性统计研究只是从表面分析了增值额分配比率的行业差异，但是不能揭示各个行业增值额分配比率之间的差异，以及不同行业与不同增值额分配比率之间的对应关系。为了更深入地剖析增值额分配比率的特征，本书运用对应分析的思想来研究不同行业与各增值额分配比率之间的对应关系。对应分析法利用降维的思想可以简化数据的结构，表现形式简洁、直观。该方法最大的特点是可以把众多样品和众多变量同时直观而又明了地反映在同一张图解上，还可以更好地分析本研究中各行业和各增值额分配比率之间的联系。此处，对应分析运用的数据为文中表 3-5 中十个行业的数据，采用 SAS 16.0 统计分析软件进行分析，具体分析结果见表 3-8、表 3-9、表 3-10，并如图 3-2 所示。

表 3-8 为对应分析的总结表。从表中我们可以发现，本次对应分析的维度为 4。由于前三个维度对应分析携带的信息量较大，所以我们主要对前三个变量进行观察。前三个变量的方差解释累计比例为 0.983，这说明前三个维度能够解释列联表中两个变量联系程度的 98.3%。值得说明的是，本次分析的自由度为（10-1）×（4-1）=27。

表 3-9 为列变量分析结果概况，增值额分配比率（列因素）的因子负荷表，它主要给出了各类别在各维度上的评分和相应的信息贡献

表 3-8　　对应分析总结表

维度	惯量	方差解释比例	
		比例	累计比例
1	0.012	0.525	0.525
2	0.007	0.292	0.817
3	0.004	0.165	0.983
4	0.000	0.017	1.000
Total	0.023	1.000	1.000

量。经过分析可以发现，各类别的构成比例（Mass）可以近似地计算出相应指标的稳定性，政府报酬率（RG）、员工报酬率（RE）和企业留存率（NAP）的构成比例较高，这说明这三个变量的频数较多，相应的分析结果不会受到极端值的影响。表 3-9 提供了五种增值额分配比率在两个相关维度上的因子负荷值和惯量，两个维度上信息量在五种增值额分配比率之间的分解情况，可以发现股东报酬率（RS）和企业留存率（NAP）的大部分信息分布在第一维度上，而政府报酬率（RG）、员工报酬率（RE）和债权人报酬率（RD）的大部分信息主要分布在第二维度上。

表 3-9　　增值额分配比率（列因素）的因子负荷

增值额分配比率	各类别的构成比例	因子负荷值		惯量	各列变量对每个维度的影响		每个维度对各列变量的影响		
		维度 1	维度 2		1	2	1	2	合计
RG	0.264	0.059	−0.188	0.002	0.009	0.114	0.043	0.320	0.362
RE	0.313	0.140	0.180	0.003	0.056	0.124	0.229	0.282	0.511
RS	0.106	−0.915	0.240	0.010	0.810	0.075	0.950	0.049	0.998
RD	0.100	−0.134	−0.704	0.005	0.016	0.605	0.040	0.820	0.860
NAP	0.218	0.234	0.176	0.002	0.109	0.082	0.553	0.232	0.786

注：数字因四舍五入而产生误差。

表 3-10 为行变量分析结果概况，行业因素的因子负荷表主要给出了各类别在各维度上的评分和相应的信息贡献量。经过分析可以发现，采掘业、房地产业、建筑业、煤气电力业、交通运输业、批发零售业、社会服务业和制造业的大部分信息分布在第一维度上，而农林牧渔业和信息技术业的大部分信息主要分布在第二维度上。

表 3-10 **行业（行因素）的因子负荷**

行业	各类别的构成比例	因子负荷值		惯量	各行变量对每个维度的影响		每个维度对各行变量的影响		
		维度 1	维度 2		1	2	1	2	合计
采掘业	0.100	0.482	0.362	0.004	0.212	0.160	0.690	0.290	0.979
房地产业	0.100	−0.362	−0.253	0.003	0.120	0.078	0.493	0.180	0.673
建筑业	0.100	0.346	−0.163	0.002	0.109	0.033	0.834	0.139	0.973
煤气电力业	0.100	−0.328	−0.208	0.002	0.098	0.053	0.697	0.209	0.905
交通运输业	0.100	−0.426	0.471	0.004	0.165	0.271	0.512	0.468	0.980
农林牧渔业	0.100	−0.021	−0.395	0.003	0.000	0.191	0.002	0.439	0.440
批发零售业	0.100	0.332	−0.125	0.002	0.100	0.019	0.801	0.084	0.885
社会服务业	0.100	−0.363	0.083	0.002	0.121	0.008	0.770	0.030	0.800
信息技术业	0.100	0.065	0.366	0.002	0.004	0.163	0.027	0.625	0.652
制造业	0.100	0.277	−0.137	0.001	0.070	0.023	0.776	0.143	0.919

图 3-2 是二维因子负荷图。

从图 3-2 中可以发现：在同一变量内部，建筑业、制造业和批发零售业之间距离比较近，说明这三个行业与增值额分配比率的关联性相近，可以把这三个行业归为一类。同样可以把煤气电力业和房地产业归为一类。而剩下的几个行业距离较远，可各成一类。距离越远说明行业之间的差异越大。另一变量内部，员工报酬率（RE）和企业留存率（NAP）可归为一类，股东报酬率（RS）、政府报酬率（RG）和债权人

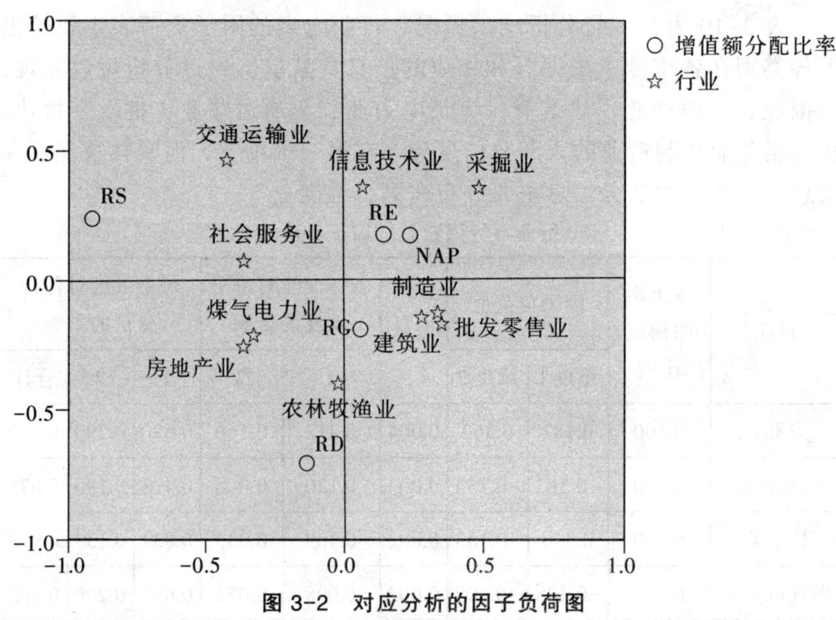

图 3-2 对应分析的因子负荷图

报酬率（RD）为另三类。同时考察两变量的各状态，可以看到建筑业、制造业和批发零售业与政府报酬率（RG）比较靠近而远离股东报酬率（RS）、债权人报酬率（RD）。这说明这三个行业与政府报酬率（RG）的关联程度较强，也就是它们的政府报酬率（RG）相对较高；而与股东报酬率（RS）、债权人报酬率（RD）的关联程度较弱，即它们的股东报酬率（RS）、债权人报酬率（RD）比较低。

3.3.2 增值额分配比率的产权差异分析

所谓产权是指产权主体对产权客体拥有权利的总称，包括用益权、使用权、处置权、监督权和让渡权。现代产权理论认为，合理有效的产权制度是经济增长的根本原因。只有建立了合理的产权制度，才能形成有效的激励机制和合理的市场价格机制，从而实现资源合理的配置、促进经济快速有效地增长。从产权的角度出发来分析增值额分配比率状况也更符合社会的要求和需要。本书根据产权主体的特征把我国上市公司分为两大类，即国有上市公司和非国有上市公司。

本书按产权把A股上市公司分为国有上市公司和非国有上市公司，表3-11列示了在不同产权性质下增值额分配比率的描述性统计特征；图3-3显示了不同产权性质上市公司的增值额分配比率特征折线图。

表3-11　**不同产权性质上市公司的增值额分配比率的描述性统计特征**

变量	产权性质	均值	最小值	中位数	最大值	标准差
RG	全样本	0.288	0.020	0.284	0.732	0.108
	国有	0.286	0.023	0.283	0.732	0.108
	非国有	0.293	0.020	0.287	0.694	0.109
RE	全样本	0.304	0.014	0.297	0.782	0.143
	国有	0.316	0.017	0.309	0.782	0.144
	非国有	0.268	0.014	0.261	0.708	0.135
RS	全样本	0.120	0.000	0.098	0.785	0.099
	国有	0.121	0.000	0.098	0.690	0.098
	非国有	0.117	0.000	0.097	0.785	0.097
RD	全样本	0.092	0.000	0.072	0.591	0.078
	国有	0.087	0.000	0.069	0.591	0.075
	非国有	0.107	0.000	0.086	0.531	0.086
NAP	全样本	0.196	0.000	0.172	0.901	0.131
	国有	0.190	0.001	0.166	0.901	0.166
	非国有	0.215	0.000	0.191	0.897	0.139

注：国有上市公司的RS最小值为0.00005，非国有上市公司的NAP为0.000387。

从表3-11和图3-3显示的结果可以得出：在全样本中，增值额分配比率的最大值与最小值之间差距较大，例如政府报酬率（RG）最大值高达0.732，而最小值却只有0.020。在性质不同的产权下，国有上市公司的员工报酬率（RE）和股东报酬率（RS）均高于非国有上市公司，而在债权人报酬率（RD）、企业留存率（NAP）和政府报酬率（RG）这三个方面却低于非国有上市公司。亚洲开发银行在2010年9月发布的《2010年亚洲发展展望更新》中也指出，我国国有企业给国家的分红不足，使得不断增长的利润并没有回馈给社会。本书认为，国有上市公司的政府报酬率（RG）低于全样本的水平，在一定程度上也可以说国有企业给国家的分红不足，这与亚洲开发银行的观点基本一致。经过以上分析，我们可以直观地看出不同的产权性质对企业增值额分配比率的影响也不同。

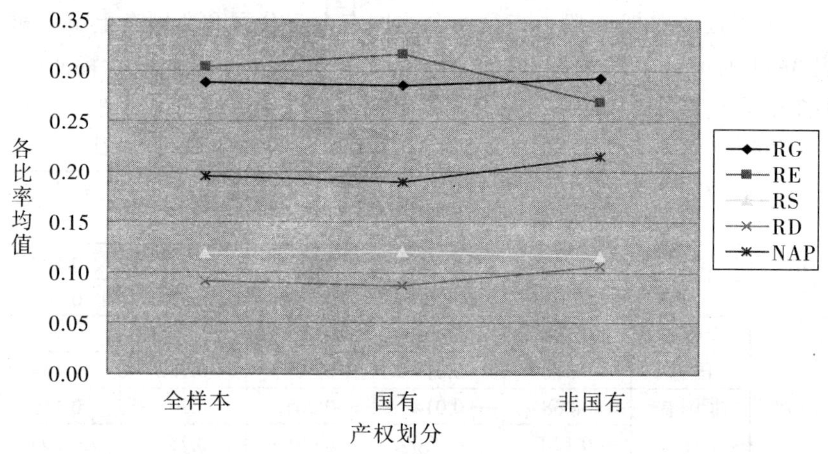

图 3-3　不同产权性质上市公司的增值额分配比率特征折线图

为了进一步考察不同产权性质下增值额分配比率的差异，本书按上市公司控股股东的性质（PRI）将上市公司分为国有上市公司和非国有上市公司两类，国有上市公司赋值为 2，非国有上市公司赋值为 1。表 3-12 显示了不同产权性质对上市公司的增值额分配比率的影响。从表 3-12 中可以发现，非国有上市公司在政府报酬率（RG）、债权人报酬率（RD）和企业留存率（NAP）这三个方面高于国有上市公司，而在员工报酬率（RE）和股东报酬率（RS）这两个方面低于国有上市公司。其中，员工报酬率（RE）、债权人报酬率（RD）和企业留存率（NAP）的组间均值差异在 1%的水平上显著，这也进一步表明增值额的分配比率会因产权性质不同而不同。

表 3-12　**不同产权性质下的增值额分配比率的组间比较分析**

变量	组 1：PRI=1	组 2：PRI=2	组 1 VS 组 2
	均值	均值	P 值
RG	0.293	0.286	0.149
RE	0.268	0.316	0.000*
RS	0.117	0.121	0.325
RD	0.107	0.087	0.000*
NAP	0.215	0.190	0.000*

注：*表示在 1%的显著性水平（双尾检验）。

3.3.3 增值额分配比率的区域差异分析

(1) 地区分类

在人类社会经济发展的过程中，由于历史、文化及自然环境条件等因素的影响，不同地区的经济发展肯定会存在差异，而在我国，地域的广阔性所导致的各方面的差异更是明显，各地区经济发展水平有较大的差距，也有各自的发展特点。

2005年，中共十六届五中全会提出了四大区域的战略布局，把我国分为了4个经济区域，即东部地区（增强国际竞争力和可持续发展能力）、中部地区（在发挥承东启西和产业发展优势中崛起）、东北地区（在改革发展中实现振兴）和西部地区（增强自我发展能力）。这4个经济区的划分能够相对比较客观地反映出当前我国经济发展不平衡的状况。该战略的提出也标志着我国区域经济的宏观布局步入一个新阶段。

在借鉴上述4个经济区域划分的基础上，为了更详细地反映我国经济发展的不平衡状况，本书考虑了经济发展水平的相似性，并参考世界银行（2006）的研究报告《政府治理、投资环境与和谐社会：中国120个城市竞争力的提升》，将我国的30个省（自治区、直辖市）（西藏除外）划分为6个区域。由于本书在选取研究样本时未将西藏地区的上市公司考虑在内，所以此处采用世界银行（2006）的区域划分方法不存在遗漏研究样本的问题。具体分布见表3-13。

表3-13 区域分布情况

区域	省（自治区、直辖市）
东南地区	江苏、上海、浙江、福建、广东
环渤海地区	山东、北京、天津、河北
中部地区	安徽、河南、湖北、湖南、江西
东北地区	黑龙江、吉林、辽宁
西南地区	云南、贵州、广西、四川、重庆、海南
西北地区	山西、陕西、内蒙古、宁夏、青海、甘肃、新疆

（2）增值额分配比率的地区差异分析

本书把我国A股上市公司归属到6个经济区域进行研究。本书借鉴了《中国市场化指数——各地区市场化相对进程2009年报告》中用各地区的平均得分来反映不同地区的市场化总体进程这一思想对我国的6个区域进行了排序。

由表3-14可知，东南地区、环渤海地区和中部地区的员工报酬率（RE）和债权人报酬率（RD）均低于全国平均水平，而东北地区、西南地区和西北地区则恰恰相反。东南地区、环渤海地区、中部地区和东北地区的政府报酬率（RG）和企业留存率（NAP）这两个指标均高于全国平均水平，而西南地区和西北地区则恰恰相反。股东报酬率（RS）暂无规律可循。简言之，一般情况下，随着市场化程度的不断加深，企业的政府报酬率（RG）和企业留存率（NAP）将不断增加，而员工报酬率（RE）和债权人报酬率（RD）将有所减少。

表3-14　　**不同区域的增值额分配比率差异比较分析**

区域	市场化排序	RG	RE	RS	RD	NAP
东南地区	1	0.289	0.295	0.141	0.088	0.202
环渤海地区	2	0.300	0.303	0.110	0.081	0.199
中部地区	3	0.312	0.297	0.093	0.091	0.200
东北地区	4	0.300	0.314	0.096	0.093	0.198
西南地区	5	0.274	0.320	0.128	0.095	0.182
西北地区	6	0.287	0.321	0.123	0.110	0.191
全国		0.288	0.304	0.120	0.092	0.196

为了更直观地体现各区域之间增值额分配比率的特征，本书对东南地区、环渤海地区、中部地区、东北地区、西南地区和西北地区的增值额分配比率的特征进行了描绘，具体如图3-4所示。

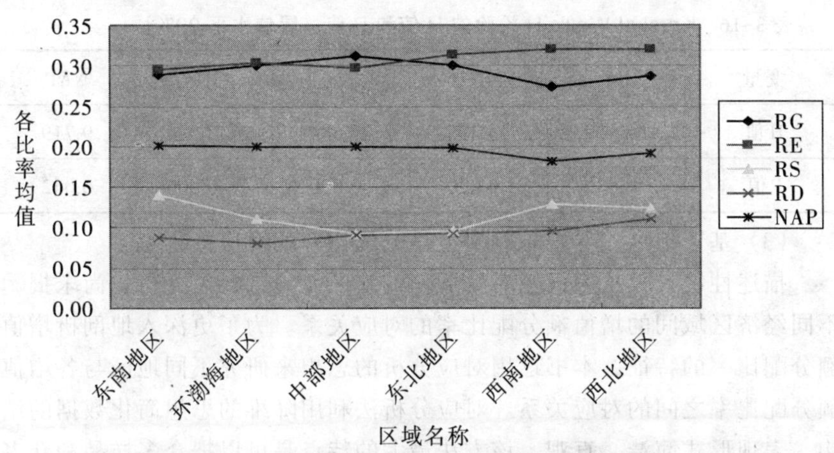

图 3-4 不同区域的增值额分配比率特征折线图

表 3-14 对我国 6 个经济区域的上市公司的增值额分配比率的特征进行了描述性统计。为了验证本书所得研究结果是否存在统计学差异，本书对 2003—2009 年 6 个经济区域的各项增值额分配比率均值的差异性进行了假设检验。由于本书所得数据的总体分布未知，因此在做统计分析时选择了非参数统计非参数检验。检验结果见表 3-15 和表 3-16。

表 3-15 **Kruskal-Wallis H 检验的平均秩（置信水平 99%）**

指标名称	东南地区	环渤海地区	中部地区	东北地区	西南地区	西北地区
RG	1 473.350	1 678.769	1 815.108	1 707.191	1 547.048	1 614.222
RE	1 539.411	1 598.447	1 531.000	1 662.423	1 677.635	1 695.861
RS	1 541.234	1 626.777	1 667.490	1 551.232	1 464.173	1 775.877
RD	1 776.480	1 516.051	1 386.139	1 354.289	1 604.449	1 276.136
NAP	1 610.576	1 580.413	1 644.973	1 575.959	1 475.795	1 580.887

表 3-16 的 Kruskal-Wallis H 检验结果表明：各项增值额分配比率的 P 值均小于 0.1，说明 2003—2009 年之间 6 个经济区域的增值额分配比率的分布位置有显著差异。这进一步反映出地区差异对增值额分配比率有着明显的影响。

表 3-16 Kruskal-Wallis H 检验的 H 值和 P 值（置信水平 99%）

变量	RG	RE	RS	RD	NAP
H值	50.329	13.395	25.684	122.521	9.719
P值	0.000	0.020	0.000	0.000	0.042

（3）基于地区差异视角的增值额分配比率的对应分析

描述性统计仅从表面上对增值额的地区差异进行了分析，尚未揭示不同经济区域间的增值额分配比率的对应关系。为了更深入地剖析增值额分配比率的特征，本书运用对应分析的思想来研究不同地区与各增值额分配比率之间的对应关系。对应分析法利用降维的思想简化数据的结构，表现形式简洁、直观。该方法最大的特点是可以把众多样品和众多变量同时直观而又明了地反映在同一张图解上，还可以更好地分析本研究中各地区和各增值额分配比率之间的联系。此处，对应分析运用的数据为表 3-15 中 6 个地区的数据，采用 SAS 16.0 统计分析软件进行分析，具体分析结果见表 3-17、表 3-18、表 3-19，并如图 3-5 所示。

表 3-17 为对应分析的总结表。从表中我们可以发现，本次对应分析的维度为 4。前三个变量的方差解释累计比例为 0.996，这说明前三个维度能够解释列联表中两个变量联系程度的 99.6%。值得说明的是，本次分析的自由度为（6-1）×（4-1）=15。

表 3-17 对应分析总结表

维度	惯量	方差解释比例	
		比例	累计比例
1	0.003	0.685	0.685
2	0.001	0.258	0.943
3	0.000	0.054	0.996
4	0.000	0.004	1.000
Total	0.004	1.000	1.000

表 3-18 为列变量分析结果概况，增值额分配比率（列因素）的因子负荷表主要给出了各类别在各维度上的评分和相应的信息贡献量。经过分析可以发现，各种类别的构成比例（Mass）可以近似地翻译计算出的相应指标的稳定性，政府报酬率（RG）、员工报酬率（RE）和企业留存率（NAP）的构成比例较高，这说明这三个变量的频数较多，相应的分析结果不会受到极端值的影响。表 3-18 提供了 5 种增值额分配比率在两个相关维度上的因子负荷值和惯量，两个维度上信息量在 5 种增值额分配比率之间的分解情况，可以发现政府报酬率（RG）和股东报酬率（RS）的大部分信息分布在第一维度上，而员工报酬率（RE）和债权人报酬率（RD）和企业留存率（NAP）的大部分信息主要分布在第二维度上。

表 3-18 **增值额分配比率（列因素）的因子负荷**

增值额分配比率	各类别的构成比例	因子负荷值		惯量	各列变量对每个维度的影响		每个维度对各列变量的影响		
		维度 1	维度 2		1	2	1	2	合计
RG	0.292	0.192	-0.099	0.001	0.199	0.087	0.843	0.139	0.982
RE	0.307	-0.003	0.138	0.000	0.000	0.175	0.001	0.622	0.622
RS	0.115	-0.596	-0.176	0.002	0.751	0.106	0.949	0.051	0.999
RD	0.092	-0.077	0.415	0.001	0.010	0.479	0.046	0.807	0.853
NAP	0.194	0.105	-0.162	0.000	0.040	0.153	0.382	0.556	0.938

表 3-19 **地区（行因素）的因子负荷**

地区	各类别的构成比例	因子负荷值		惯量	各行变量对每个维度的影响		每个维度对各行变量的影响		
		维度 1	维度 2		1	2	1	2	合计
东南地区	0.168	-0.276	-0.269	0.001	0.236	0.365	0.616	0.359	0.975
环渤海地区	0.165	0.105	-0.183	0.000	0.033	0.165	0.302	0.565	0.868
中部地区	0.165	0.324	-0.033	0.001	0.319	0.005	0.956	0.006	0.962
东北地区	0.166	0.238	0.093	0.001	0.174	0.043	0.887	0.083	0.969
西南地区	0.166	-0.241	0.129	0.001	0.177	0.083	0.759	0.135	0.894
西北地区	0.171	-0.139	0.256	0.001	0.061	0.338	0.298	0.622	0.921

表 3-19 为行变量分析结果概况，地区因素的因子负荷表主要给出了各类别在各维度上的评分和相应的信息贡献量。经过分析可以发现，东南地区、中部地区、东北地区和西南地区的大部分信息分布在第一维度上，而环渤海地区和西北地区的大部分信息主要分布在第二维度上。

最后，本书为了便于分析变量之间的关系，绘制了对应分析的二维因子负荷图（如图 3-5 所示），展示了各类别散点在空间中的距离和位置。通过对图 3-5 的分析可以发现，西北地区和西南地区的增值额分配比率的散点靠得非常近，这可以说明西北地区和西南地区的增值额分配比率之间存在着关联，东北地区、中部地区和环渤海地区的增值额分配比率的散点靠得非常近，这可以说明东北地区、中部地区和环渤海地区的增值额分配比率之间存在着关联；另一变量内部，员工报酬率（RE）和股东报酬率（RS）可归为一类，企业留存率（NAP）和政府报酬率（RG）为一类，债权人报酬率（RD）为一类；同时考察两变量的各状态，可以看到西北地区和西南地区的员工报酬率（RE）和股东报酬率（RS）关联性较强，东北地区、中部地区和环渤海地区的企业留存率（NAP）和政府报酬率（RG）的关联性较强。

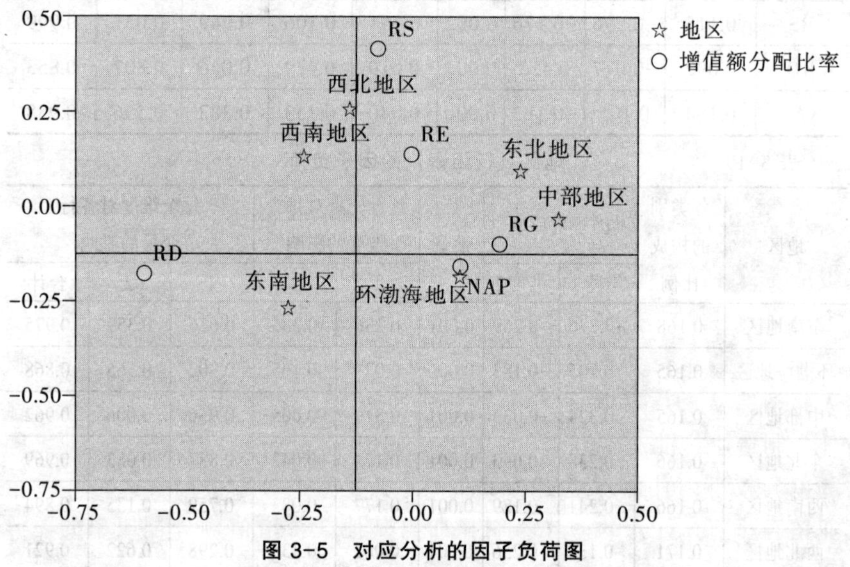

图 3-5 对应分析的因子负荷图

3.4　本章小结

在分析了增值额的组成与如何衡量增值额之后，本书结合企业价值分配和利益相关者理论对增值额各分配比率进行了定义。本书主要从5个方面来刻画增值额的分配状况，即工资和薪金反映支付给员工的报酬，税收反映支付给政府的报酬，利息反映支付给债权人的报酬，股利反映支付给股东的报酬，企业本期留存收益反映本期企业留存，并且分析了各增值额分配比率的现实意义。

在增值额的相关理论研究的基础上，以2003—2009年我国A股上市公司为样本，通过对上市公司年报的增值额分配比率的描述性统计、非参数检验和对应分析，实证研究了增值额分配比率的分布特性。主要研究结论如下：

（1）行业差异。不同行业的增值额分配比率大小参差不齐，增值额分配比率分布位置差异显著。比如，房地产业的政府报酬率（RG）最高而员工报酬率（RE）却最低；股东报酬率（RS）最高的是信息技术业，最低的是建筑业；有8个行业的员工报酬率（RE）是行业5项增值额分配比率中的最大值。此外，通过检验我们发现10个行业2003—2009年之间的增值额分配比率的分布位置都有显著差异。通过对行业与增值额分配比率的对应分析，不难看出：建筑业、制造业和批发零售业以及煤气电力业和房地产业与政府报酬率（RG）的关系密切，这几个行业的政府报酬率（RG）是比较大的；信息技术业和采掘业与员工报酬率（RE）和企业留存率（NAP）的关系密切，这两个行业里这两个比率比较大；社会服务业和交通运输业与股东报酬率（RS）的关联较强，这两个行业的股东报酬率（RS）较大；农林牧渔业主要与债权人报酬率（RD）关联性强，该行业的债权人报酬率（RD）较大。此外，制造业、批发零售业和建筑业之间以及煤气电力业和房地产业之间的差异较小，其他各行业之间都有显著差异；员工报酬率（RE）和企业留存率（NAP）的差异不明显而与其他3个增值额分配比率的差异较大。

（2）产权差异。产权性质不同的企业，增值额分配比率也不相同。非国有上市公司的政府报酬率（RG）、债权人报酬率（RD）和企业留存率（NAP）均高于国有上市公司，而在员工报酬率和股东报酬率方面则低于国有上市公司，其中员工报酬率（RE）、债权人报酬率（RD）和企业留存率（NAP）的组间均值差异在1%的水平上显著。

（3）地区差异。增值额分配比率还存在着区域差异。本书将各地区的市场化程度作为参照系进行研究，发现市场化程度越高的地区，企业的政府报酬率（RG）和企业留存率（NAP）越高，员工报酬率（RE）与债权人报酬率（RD）却越低，而股东报酬率没有发现类似规律。西北地区和西南地区的增值额分配比率的散点靠得非常近，这可以说明西北地区和西南地区的增值额分配比率之间存在着关联，东北地区、中部地区和环渤海地区的增值额分配比率的散点靠得非常近，这可以说明东北地区、中部地区和环渤海地区的增值额分配比率之间存在着关联；另一变量内部，员工报酬率（RE）和股东报酬率（RS）可归为一类，企业留存率（NAP）和政府报酬率（RG）为一类，债权人报酬率（RD）为一类；同时考察两变量的各状态，可以看到西北地区和西南地区的员工报酬率（RE）和股东报酬率（RS）关联性较强，东北地区、中部地区和环渤海地区的企业留存率（NAP）和政府报酬率（RG）的关联性较强。

综合来说，A股上市公司的增值额分配比率与行业、产权和区域都有一定关联。无论从什么角度来研究增值额的分配状况，企业留存率（NAP）这一指标都是处于5项比率的中间位置，这表明不同行业、不同产权甚至不同经济区域的企业，其为企业留存的多少大致相同。增值额在分配时员工所占的比重因行业不同而有很大的差异，从各行业的数据可以看出：员工报酬率（RE）最高的信息技术业达到0.366，员工报酬率（RE）最小的房地产业也有0.259。此外，分行业、分产权和分区域的研究结果还显示，股东和债权人的报酬率始终是在5项增值额分配比率的下端。

在价值分配阶段，企业分配价值是为了使各利益相关者在这一阶段得到公平的分配，从而激励所有的利益相关者自愿地为增加企业价值即增值额而努力。增值额分配模式就是站在股东、债权人、政府、员工和企业等利益相关者的共同立场上，不仅反映企业创造财富的分配方向，同时也反映出企业的社会责任。因此，和谐社会需要合理的增值额分配比率。构建合理的增值额分配比率是企业实现管理目标的需要，也是企业实现财务管理目标的需要。那么如何建立合理的增值额分配比率呢？下面提出几点政策建议：

（1）缩小不同行业、不同产权和不同区域间增值额分配比率的差距。根据本书的研究结果，各行业的增值额分配比率差异十分明显，不同产权和不同区域的各项增值额分配比率也高低不齐。

人力资源和社会保障部劳动工资研究所发布的最新数据显示，我国行业初次分配中的收入差距已扩大至15倍，行业间的差距问题已成为社会关注的焦点，而且我国各大经济区域的发展水平也存在很大的差距。实现和谐社会需要合理的增值额分配比率，缩小不同行业、不同产权和不同区域增值额分配比率的差距是关键所在。

不同行业的经营和生存的环境各有差异，有的行业具有一定程度的垄断性，工资和其他待遇较好，而且又有优惠的国家政策支持；而有的行业却处于劣势地位，发展空间狭隘。这就导致了企业在分配增值额时考虑的影响因素不同，增值额分配比率也参差不齐。因此，只有缩小了行业间的差距才能为制定统一合理的企业增值额分配比率制度奠定坚固的基础。而就不同产权的企业来讲，可通过改善国企和非国企的税收和工资等制度，来平衡不同产权企业的增值额分配比率。最后，要针对不同区域的企业状况来规划企业的发展。如增强东南和环渤海地区的国际竞争力和可持续发展能力，中部地区在发挥其承东启西和产业发展优势中崛起，东北地区在改革发展中实现振兴，而西南和西北地区的主要任务则是增强自我发展能力。这样，企业有了明确的目标之后才能更好地实现其管理目标，才能保证增值额的分配更加合理。

（2）提高企业重视员工利益的意识。虽然本书的研究显示我国员工的报酬率相对较高，但是和国外发达国家相差甚远。因此，提高企业对员工的重视程度是关键。众所周知，我国企业平均寿命短，规模做不大。其中的主要原因之一就是，长期以来我国企业只注重“企业价值最大化”和“股东财富最大化”，而不曾把“增加员工报酬”作为财务管理的目标之一。员工得不到满足，企业发展便难上加难甚至难以生存。要知道资本本身是不会增值的，价值和利润只能靠员工的劳动来创造。企业要获得更多利益或者增值更多，就必须注重提高员工的收入。只有员工利益得到满足，他们才更有积极性，才能为企业创造更多财富，才能让所有利益相关者都多分得增值额。

（3）完善企业税收制度。在我国，大部分人都认为政府获得的利益太多，企业的税负过重。虽然我国税收政策一直在不断完善，所得税税率也从33%下降到25%，但是税收制度依然不够健全（吴新红，2010）。当前影响我国企业分配增值额或者利润的税收政策主要体现在：国家对股票增值转让所得资本利得税暂缓征收，致使投资者更加注重短期投机所得，从而促使企业多采取低股利政策；我国现行税法规定，一般情况下，对企业均应实行33%的所得税税率，而事实上各地的企业执行的所得税税率从15%到33%不等，而且经常变动，致使企业可供分配的增值额也不稳定。

政府作为企业的利益相关者有权分享企业的增值额，政府分享企业增值额的主要方式是税收。但政府作为社会的管理者，对企业的管理是为了更好地维护社会公众之利益，而不仅仅是为获得自身的经济利益。企业上缴税收的多少基本都是由国家相关税收政策规定的，企业与政府的谈判余地不大。因此，为保证企业与政府和谐共存，不仅需要企业合理分配其增值额，还需要政府制定完善的税收制度。

（4）根据股东的特点，确定适合的股利政策。公司每个投资者的投资目的以及对公司股利分配的态度不完全一样，比如公司的永久性股东不太注重现期收益，他们宁愿暂时少分股利来增强公司的长期发展能力；而有的股东希望获取高额股利，他们更加喜欢公司定期支付高额股息；还有一部分偏爱投机的投资者，他们会抓住时机通过炒股获取价差。因此，公司在确定其股利政策时，应考虑到各类股东的特点，兼顾各类投资者对股利的态度以平衡公司与各类股东之间的关系。这样才能更好地完成企业增值额的分配。

（5）维持良好的企业信誉，保障债权人的收益。从本书的研究结果可以看出，不同行业、不同产权性质的企业，债权人的报酬差异比较显著。这可能跟行业差别和产权性质不同有关，因为不同行业、不同产权性质的企业，其规模、信誉、发展潜力等都有差异。虽然反映企业债权人收益的利率是由资本市场的供求关系决定的，其中，央行对利率的调节这一影响因素尤为突出。但是，债权人取得的利息除了受市场利率的影响之外，还会受到诸如企业的财务状况、信誉以及发展潜力等各种因素的影响。拥有健康的财务状况、良好的信誉和较大发展潜力的企业，其债权人收回本金更有保障。债权人对这种类型的企业可能会给出更加优惠的利率，即利息要求较低。这样企业融资将会比较容易，企业也可以充分利用资金创造出更多的增值额，如此一来，不仅可以保障债权人的利益，还可以分给其他利益相关者更多的财富，同时，也为企业合理安排增值额的分配提供了更大的空间。

（6）保证合理的企业留存率。企业的留存源于企业的生产经营活动所实现的净利润，是用于弥补企业以前年度亏损和扩大生产经营的。企业留存的多少关系到企业的长期可持续发展。众所周知，我国企业的积累率偏低，企业留存不足以满足企业发展需要，长期的资金短缺导致企业对资金过度渴求。企业应提高对企业留存的重视，保证合理的企业留存率，以维持企业的经营和发展，同时应该注重留存收益的使用，尽量把蛋糕做大，就相当于为企业和社会增加财富储蓄。只有企业的持续发展有了保障，它才会有充足的精力管理企业，才能更加完善增值额的分配制度。

（7）通过以上分析，结合王国顺等（2009）的描述，我们提出最后一点，也是最重要的一点：一种产权结构是否有效率，主要看其是否能为在它支配下的个体行为者提供将外部性较大地内在化的激励。产权制度对企业效率有很大影响。因此，本书后续研究仅限于不同产权性质上市公司的增值额分配研究。

4 基于典型相关分析的增值额分配比率与公平之间的关系研究

4.1 研究背景

近年来财富分配不公现象呈愈演愈烈的态势，引发了人们对财富分配公平性的深入思考。企业层面的利益分配与企业效率与公平的关系，一直是人们关心的焦点。基于企业增值额最大化及其合理分配比率视角谋求效率和公平的平衡，建立科学合理的企业增值额分配体制，是推动企业发展，实现国家、企业、投资者、员工等各利益相关者利益最大化的有效途径。企业的增值额分配也是初次分配的主要部分，因此处理好企业层面的政府、员工、债权人、股东与企业五者之间的财富分配关系，是初次分配的关键所在，是促进社会和谐及可持续发展的重要手段。

2012 年 4 月 2 日，时任国务院副总理李克强同志在出席博鳌亚洲论坛 2012 年年会的开幕式时发表讲话强调，在经济发展中应更加重视社会公平。李克强同志的讲话被国内众多新闻媒体所报道，引起了人们对公平问题的重新思考。

4.2　研究设计

4.2.1　样本选择与数据来源

本书以中国 A 股上市公司 2003—2009 年的数据为研究样本，从会计学角度看，公司濒临破产时，其净资产为负；财务报告作假或公司面临资产重组、资产收购等重大财务变动等，均可使公司的数据异常。因此，为确保研究的科学性和准确性，本书对样本和数据做了如下处理：①剔除每年被 ST 和 PT 的公司；②剔除数据不全的公司；③剔除被查出财务报告作假的公司；④剔除经历资产重组、资产收购、资产剥离等重大资产和财务变动的公司；⑤剔除各变量 1%以下和 99%以上的极端值。经过以上数据处理得到 3 176 个有效观测值，其中，非国有上市公司样本 800 个，国有上市公司样本 2 376 个。相关数据来自 CCER 数据库以及中国证券监督管理委员会网站。

4.2.2　变量定义

公平的分配制度要求取得的收入与相应要素的贡献相一致，本书应用收入贡献比的原理，扩展为 n 个经济单位，5 个主题，即一定时期内，某公司的增值额占产权性质相同的所有公司的增值额的比例，称为该公司的贡献率；该公司的某项报酬与产权性质相同的所有公司的该项报酬总额的比例，称为该公司的该项的收入率。此比率与公司的贡献率之比称为该项的公平系数。具体公式如下：

$$r_{ni}=\frac{R_{ni}\Big/\sum_{n=1}^{T}R_{ni}}{AV_n/\sum_{n=1}^{T}AV_n}\quad (T=3\,176,1\leqslant n\leqslant 3\,176,i\in(1,2,3,4,5))\tag{4.1}$$

式中：r_{ni}——第 n 个公司的第 i 项报酬的公平系数；

AV_n——第 n 个公司的增值额；

R_{ni}——第 n 公司的第 i 项报酬。

（1）政府报酬公平性计量

税收是政府从企业增值额中获取报酬的最主要途径，是国家进行宏观调控的主要工具。企业作为资源配置的载体，政府征收的税赋减少了企业的收益，对企业的生产经营活动有着重要的影响。作为社会主义国家，我国的税收是国家筹集社会主义现代化建设资金的工具，主要体现了“取之于民、用之于民”的社会主义分配关系。我国税收的用途主要是为广大的劳动人民的利益服务，发展科教文卫，提高人民的生活水平。遵循西方税收理论的解释，税收公平主要是指国家征税要与纳税人的经济状况相适应，主要需要解决政府和纳税人之间“公平分配”的问题。围绕着税收公平问题，国内外学者展开了大量的研究。周全林和王乔（2006）结合税收收入增长与经济增长协调原则、政府支出最低原则和宏观税负与微观税负相结合原则研究指出，我国政府税收规模不具有公平合理性。周全林（2007）的后续研究发现，经济效率、税收制度有效性、税收转嫁、税收管理和通货膨胀是影响税收公平的五个主要因素。值得注意的是，政府报酬属于刚性的要求。本书结合收入贡献比的原理，将某公司的政府报酬与产权性质相同的所有公司的政府报酬总额的比例，称为该公司的政府收入率。某公司的增值额占产权性质相同的所有公司的增值额的比例，称为该公司的贡献率。将该公司的政府收入率与公司的贡献率之比，称为政府报酬与贡献的分配公平系数，简称政府公平系数，记为 r_1。

（2）员工薪酬公平性计量

Masterson（2000）、Lambert 和 Susan（2000）、Colquitt（2001）对员工薪酬公平性进行了大量的研究，取得了一定的成果。在市场经济中，企业员工的薪酬取决于员工自身的劳动生产率，薪酬的高低会对员工偷懒程度和工作努力程度（李金波等，2006）、敬业度（张仲华，2007）、离职率（夏春等，2006）、忠诚度和归属感（Stijlitz，1985）产生重要的影响，会深层次影响企业的业绩。目前，国内外学者关于员工薪酬公平性的计量尚未取得一致的观点。现阶段主要有以下三种方法：第一，员工满意度法。随着问卷调查这一统计方法日益被人们所认识，部分学者通过发放调查问卷的方式对员工薪酬公平性进行了研究。

Hackman 和 Oldhan（1974）首次设计了工作诊断调查表，Weiss 等（1967）设计了员工满意度的明尼苏达度量表，Porter（1978）设计了开放式的员工满意度调查问卷。基于上述调查方式，DeConinck 和 Stilwell（2004）、Tekleab 等（2005）、Ambrose 等（2007）等对员工薪酬公平性进行了计量。由于本书选取的样本公司较多，所以无法采用调查问卷的方式来获取员工薪酬公平性的信息。第二，薪酬差距法。随着行为金融学的不断发展，部分学者将行为金融引入员工薪酬公平性的研究中。Siegel 和 Hambrick（1996）认为可以通过同层级的员工的薪酬差距来识别员工薪酬公平性的认知，他们以企业内外部不同层级的薪酬差距来计量员工薪酬的公平性。Burdett 和 Mortensen（1998）认为薪酬差距的相对值可以更合理地代表员工薪酬的公平性，而 Yasuhiro 则用薪酬 log 值的方差代表员工薪酬的公平程度。由于我国上市公司的财务报表仅披露高管的薪酬信息，所以本书无法获取员工的具体薪酬，更无法通过计量员工薪酬的差距来计量员工薪酬的公平性。第三，额外薪酬法。Core 等（1991）构建了管理层薪酬决定模型，以各行业各年度的数据回归结果的残差研究高管薪酬的公平性程度。吴联生等（2010）沿袭这一思想，将额外薪酬分为正向和负向的额外薪酬，以此来计量高管薪酬的公平性。由于额外薪酬法主要通过管理层薪酬决定模型计算得出，而本书的研究对象为普通员工，所以该模型并不适合本书。值得注意的是，员工薪酬属于弹性的要求。本书结合收入贡献比的原理，将某公司的员工薪酬与产权性质相同的所有公司的员工薪酬总额的比例称为该公司的员工收入率。某公司的增值额占产权性质相同的所有公司的增值额的比例，称为该公司的贡献率。将该公司的员工收入率与公司的贡献率之比，称为员工薪酬与贡献的分配公平系数，简称员工公平系数，记为 r_2。

（3）债权人报酬公平性计量

根据利益相关者理论，债权人在公司的利益分配中占据着重要的地位，债权人仅承担公司破产带来的损失，而不能分享公司成长带来的收益。国外有大量对于股东和债权人之间的利益之争的研究：Jensen 和 Meckling（1976）研究发现了“资产替代效应”，在企业投资成功时股东会获取超过负债账面价值的收益，在企业投资失败时股东仅承担有限责任，而债权人却为项目失败的损失买单。Myers（1977）研究发现了"债务高悬效应"，在企业濒临破产时债权人可以优先占有投资项目的收益，而股东则承担投资项目的成本和风险，所以高债务比例的公司更容易出现投资不足问题。江伟和沈艺峰（2005）认为由于我国资本市场起步较晚，我国对于债权人的法律保护机制尚不完善，使得债权人的合法权益无法得到确实的保障。我国的公司法中缺少股东对债权人承担信托责任的规定，使得公司在制定财务政策的时候，较少考虑债权人的利益。同时，由于我国大部分上市公司的最大债权人均为国有商业银行，国有商业银行的自我保护能力较弱，尚不具备对企业进行有效监管的能力。这可以说明，我国多数上市公司的债权人无法公平地获取应得的增值额。本书将某公司的债务利息与产权性质相同的所有公司的债务利息总额的比例，称为该公司的债权人收入率。某公司的增值额占产权性质相同的所有公司的增值额的比例，称为该公司的贡献率。将该公司的债权人收入率与公司的贡献率之比，称为公司债权人报酬与贡献的分配公平系数，简称债权人公平系数，记为 r_3。

（4）股东报酬公平性计量

作为上市公司的出资人，股东是公司存在的基础和核心要素。作为财务管理的目标，股东财富最大化一直被企业推崇。我国资本市场自建立以来，内部人控制淡薄了股东价值意识，这成了影响上市公司成长的顽疾。股票市场不断完善，使股东价值越来越受到关注。政府监管部门多次出台文件指出，保护股东合法权益。朱武祥和杜丽虹（2004）通过对佛山照明和嘉宝集团两家上市公司的分析，指出股东价值最大化并非是笼统的股东价值的最大化，而是股东市场上的目标股东价值最大化。我国财政部和国资委颁布的《中央企业国有资本收益收取管理暂行办法》对我国央企上缴红利进行了详细规定，其中资源型企业上缴红利比例为10%，一般竞争性企业上缴红利比例为5%。本书将某公司股东报酬与产权性质相同的所有公司的股东报酬总额的比例，称为股东收入率。股东收入率与公司的贡献率之比，称为股东报酬与贡献的分配公平系数，简称股东公平系数，记为 r_4。

（5）企业留存公平性计量

留存收益是指企业从历年实现的利润中提取或留存于企业的内部积累，来源于企业生产经营活动所实现的净利润，包括企业的盈余公积和未分配利润两部分，其中盈余公积是有特定用途的累积盈余，未分配利润是没有指定用途的累积盈余。留存收益在企业增长中发挥着巨大作用，而企业在分配利润时如何协调股东利益和企业自身的可持续发展一直是国内外学者们研究的重点。汪平和李光贵（2009）通过实证研究发现，适度的留存收益将有利于国有企业的价值创造，国有企业在分红时应注重企业的可持续发展，应努力提高留存收益再投资的收益水平。本书将某公司的企业留存收益额与产权性质相同的所有公司的企业留存收益总额的比例，称为该公司收入率。该公司的收入率与公司的贡献率之比，称为公司留存与贡献的分配公平系数，简称企业公平系数，记为 r_5。

另一组变量还是前面用到过的增值额分配比率（见表 4-1）。

表 4-1 **变量定义**

增值额分配比率		公平系数	
变量名称	变量代码	变量名称	变量代码
政府报酬率	RG	政府公平系数	r_1
员工报酬率	RE	员工公平系数	r_2
债权人报酬率	RD	债权人公平系数	r_3
股东报酬率	RS	股东公平系数	r_4
企业留存率	NAP	企业公平系数	r_5

4.2.3 研究方法

1936 年，Hotelling（1936）提出了典型相关分析，研究两组变量之间的相互依赖关系。在两组变量中分别选取若干有代表性的变量，组成有代表性的综合指标，通过研究这两组综合指标之间的相关关系，来代替这两组变量间的相关关系，这些综合指标称为典型变量。在两组变量的相关性分析中，假定每组变量都能被赋予一定的理论意义，通常一组可以被定义为自变量，另一组可以被定义为因变量。典型相关分析的实质就是在两组随机变量中选取若干个有代表性的综合指标，用这些指标的相关关系来表示原来的两组变量的相关关系。在两组变量的相关性分析中，这可以起到合理简化变量的作用。具体计量原理如下：

设随机向量 $x=(x_1, x_2, \cdots, x_p)$，$y=(y_1, y_2, \cdots, y_q)$，x，y 的协方差矩阵为：

$$Cov\begin{bmatrix}x\\y\end{bmatrix}=\sum=\begin{bmatrix}\sum_{11} & \sum_{12}\\ \sum_{21} & \sum_{22}\end{bmatrix} \tag{4.2}$$

为了研究两组变量之间的典型相关关系，参考其线性组合：

$$\begin{aligned}V&=ax=a_1x_1+a_2x_2+\ldots+a_px_p\\ W&=by=b_1y_1+b_2y_2+\ldots+b_qy_q\end{aligned} \tag{4.3}$$

在 x,y 及 Σ 给定条件下，求 a，b,使 V 与 W 之间的相关系数 r 达到最大。

$$r=\frac{Cov(V, W)}{\sqrt{Var(V)\quad Var(W)}} \tag{4.4}$$

将随机变量 V 及 W 标准化，则：

$$\begin{aligned}Var(V)&=Var(a'x)=a'\sum_{11}a=1\\ Var(W)&=Var(b'y)=b'\sum_{22}b=1\end{aligned} \tag{4.5}$$

因此：

$$r=Cov(V, W)=a'Cov(x, y)b=a'\sum_{12}b \tag{4.6}$$

于是，问题是在式（4.5）的约束下，求 $a\in R^p, b\in R^q$，使得式（4.6）达到最大。

构造 Lagrange 函数：

$$L=a'\sum_{12}b-\frac{\lambda}{2}(a'\sum_{11}a-1)-\frac{\mu}{2}(b'\sum_{22}b-1) \tag{4.7}$$

求 L 的一阶偏导数，并令其为 0，得方程组：

$$\begin{aligned}\frac{\partial L}{\partial a}&=\sum_{12}b-\lambda\sum_{11}a=0\\ \frac{\partial L}{\partial b}&=\sum_{21}a-\mu\sum_{22}b=0\end{aligned} \tag{4.8}$$

则有 $\lambda = a\sum_{12}b = b'\sum_{21}a = \mu$，与 V,W 之间的相关系数 r 相等。

$$\begin{aligned}&\sum_{12}b-\lambda\sum_{11}a=0\\&\sum_{21}a-\lambda\sum_{22}b=0\end{aligned} \tag{4.9}$$

根据式（4.9），可求得 a_{jk} 和 b_{jk}；继而结合式（4.5），得到各典型变量 V_k 和 W_k。具体来说，V_k 和 W_k 分别表示 V 和 W 对应的第 k 组典型变量，a_{jk} 和 b_{jk} 分别表示 V_k 和 W_k 的第 j 个自变量的系数。

对所求得的典型变量，还需对其显著性予以检验，只有通过检验的典型变量才会被用来进行经济分析。检验统计量：

$$Q_j = -\left[n - j - \frac{1}{2}(p+q+1)\right]\ln\left[\prod_{i=j}^{p}(1-\lambda_i)^2\right] \tag{4.10}$$

服从 X^2 分布，自由度为 $f=(p-j+1)(q-j+1)$。

第一典型冗余表示一组变量的方差被其自身典型变量解释的百分比，第二典型冗余表示一组变量的方差被对方典型变量解释的平均比例。典型相关系数的平方表示两组典型变量间享有的共同变异的百分比，可进一步分解为各自的解释能力，将“解释能力”乘以典型相关系数的平方，即为第二典型冗余。

本书将各个增值额分配比率当成一组变量，将各个公平系数当成一组变量，利用典型相关分析研究“增值额分配比率变量”与“公平系数变量”有较高的相关关系。本书运用 SAS 9.2 统计软件，调用典型相关分析 Cancorr 过程对“增值额分配比率”和“公平系数”两组变量进行典型相关分析。

4.3 非国有上市公司增值额分配与公平的典型相关分析

4.3.1 典型相关系数及其检验

首先，对两组变量进行了 Wilks' Lambda 检验、Pillai 迹检验、Hotelling-Lawley 迹检验和 Roy 最大根检验，以此检验两组变量的相关性，进而分析对两组变量是否能进行典型相关分析。表 4-2 中列示了 Wilks' Lambda 检验、Pillai 迹检验、Hotelling-Lawley 迹检验和 Roy 最大根检验的值、F 值、分子自由度、分母自由度和 P 值。通过分析可以发现 4 个检验的 P 值均小于 0.0001，即 P 值均通过了 0.000 的检验。因此，对本书所选取的两组变量可以进行典型相关分析。

表 4-2　**多变量统计量与 F 近似检验**

统计量	值	F 值	分子自由度（Num DF）	分母自由度（Den DF）	显著性水平（Pr > F）
Wilks' Lambda	0.000	7 266.91	20	2 624.4	<.0001
Pillai's Trace	3.774	2 651.85	20	3 176	<.0001
Hotelling-Lawley Trace	168.211	6 643.57	20	1 732.8	<.0001
Roy's Greatest Root	100.852	16 015.3	5	794	<.0001

注：Pr > F 的值表示检验总体中所有典型相关均为 0 的零假设时的显著性概率。

本书调用 SAS 9.2 统计分析软件中的典型相关分析 Cancorr 过程，对非国有上市公司的“公平系数”和“增值额分配比率”两组变量进行典型相关分析，表 4-3 为典型相关分析的结果。从表 4-3 可知，前三个典型相关系数均较高且典型变量的典型相关性比较显著（Sig 均小于 0.05），表明相应典型变量之间密切相关。同时，前三对典型变量的累计百分比为 96.58%，P 值均小于 0.0001，均通过了 F 统计量检验，表明相应典型变量之间相关关系显著，能够用“公平系数”变量组来解释“增值额分配比率”变量组。

4.3.2　典型相关模型分析

根据对非国有上市公司的“公平系数”和“增值额分配比率”两组变量典型相关分析的结果可以发现，前三对典型变量（V，W）的累积特征根已经占了总量的 96.58%，所以本书仅需采用前三对典型相关模型即可反映全部问题。表 4-4 为未标准化的典型相关系数。

表 4-3　　**典型相关分析结果**

序号	特征根	百分比	累计百分比	典型相关系数	相关系数平方	显著性水平（Pr > F）
1	100.852	0.5996	0.5996	0.9951	0.9902	<.0001
2	39.602	0.2354	0.8350	0.9876	0.9754	<.0001
3	22.023	0.1308	0.9658	0.9780	0.9565	<.0001
4	5.753	0.0342	1.0000	0.9230	0.8519	<.0001

表 4-4　　**典型相关系数**

变量 VAR 的典型相关系数

变量	V_1	V_2	V_3	V_4	V_5
RG	7.158	2.143	−0.789	7.224	0.000
RE	−2.159	5.919	−1.535	5.409	0.000
RD	−2.909	−4.035	6.887	9.508	0.000
RS	2.154	−4.065	−7.199	7.867	0.000
NAP	0.000	0.000	0.000	0.000	0.000

变量 WITH 的典型相关系数

变量	W_1	W_2	W_3	W_4	W_5
r_1	2.200	0.590	−0.182	0.835	6.249
r_2	−0.447	1.550	−0.376	0.279	5.914
r_3	−0.216	−0.366	0.620	0.476	1.986
r_4	−0.210	−0.517	−0.881	0.435	2.792
r_5	0.106	−0.006	0.017	−1.010	5.258

值得注意的是，由于本书选取的“公平系数”和“增值额分配比率”两组变量的计量单位并不一致，为了避免由此带来的统计误差，本书拟根据标准化之后的典型相关系数来构建典型相关模型。表 4-5 为标准化后的典型相关系数。

表 4-5 **标准化后的典型相关系数**

变量VAR的典型相关系数					
变量	V_1	V_2	V_3	V_4	V_5
RG	0.782	0.234	−0.086	0.789	0.000
RE	−0.292	0.802	−0.208	0.732	0.000
RD	−0.245	−0.340	0.580	0.801	0.000
RS	−0.208	−0.393	−0.696	0.760	0.000
NAP	0.000	0.000	0.000	0.000	0.000
变量WITH的典型相关系数					
变量	W_1	W_2	W_3	W_4	W_5
r_1	0.837	0.224	−0.691	0.318	2.377
r_2	−0.230	0.796	−0.193	0.143	3.036
r_3	−0.205	−0.346	0.586	0.450	1.879
r_4	−0.164	−0.403	−0.686	0.339	2.174
r_5	0.064	−0.004	0.010	−0.607	3.159

本书采用标准化后的典型相关系数给出典型相关模型（右上角带“*”的变量表示标准化变量），见表 4-6。根据典型变量的重要程度和影响系数，从构建的典型相关模型可以发现，非国有上市公司的分配公平性受到增值额分配比率的影响程度可以用三对典型相关变量予以综合表述。由表 4-6 中的第一组典型相关方程可知，政府报酬率（RG）与第一典型变量 V_1 呈高度正相关，典型载荷为 0.782，这说明非国有上市

公司政府报酬率（RG）对分配公平的影响要高于员工报酬率（RE）、债权人报酬率（RD）、股东报酬率（RS）和企业留存率（NAP）。政府公平系数（r_1）和第一典型变量 W_1 呈高度正相关，典型载荷为 0.837，说明在影响公平系数的因素中，政府公平系数（r_1）占有主要地位。由第二组典型相关方程可知，员工报酬率（RE）与第二典型变量 V_2 呈高度正相关，典型载荷为 0.802，员工公平系数（r_2）和第二典型变量 W_2 呈高度正相关，典型载荷为 0.796，这说明在非国有上市公司中员工报酬率（RE）也是影响公平系数的重要因素，而员工公平系数（r_2）在影响公平系数的因素中占重要地位。由第三组典型相关方程可知，股东报酬率（RS）与第三典型变量 V_3 呈高度负相关，典型载荷为-0.696，股东公平系数（r_4）和第三典型变量 W_3 呈高度负相关，典型载荷为 -0.686，这说明非国有上市公司的股东报酬率（RS）也是影响公平系数的重要因素，而股东公平系数（r_4）在影响公平系数的因素中占重要地位。同时，债权人报酬率（RD）与 V_3、债权人公平系数（r_3）与 W_3 的典型载荷分别为 0.580 和 0.586，也可以说明非国有上市公司的债权人报酬率（RD）对公平系数有一定的影响，债权人公平系数（r_3）在影响公平系数的因素中占一定地位。

表 4-6　　**典型相关模型**

模型	公式
Model 1	$V_1= 0.782RG^* -0.292 RE^*-0.245RD^*-0.208RS^*$ $W_1= 0.837 r_1^* -0.230r_2^*-0.205 r_3^*-0.164 r_4^*+0.064 r_5^*$
Model 2	$V_2=-0.234RG^*+0.802 RE^*-0.340RD^*-0.393RS^*$ $W_2= 0.224r_1^*+0.796r_2^*-0.346 r_3^*-0.403 r_4^* -0.004 r_5^*$
Model 3	$V_3=-0.086 RG^*-0.208 RE^*+0.580RD^*-0.696RS^*$ $W_3= -0.069r_1^*-0.193 r_2^*+ 0.586 r_3^*-0.686r_4^* +0.010 r_5^*$

4.3.3 典型结构分析

根据原始变量和典型变量之间的相关系数，本书列示了非国有上市公司的典型结构分析结果，见表 4-7。

表 4-7　　典型结构分析结果

变量	V_1	V_2	V_3	V_4	V_5
RG	0.949	0.068	0.015	0.309	0.0000
RE	-0.498	0.831	-0.057	0.241	0.0000
RD	-0.284	-0.325	0.774	0.463	0.0000
RS	-0.206	-0.528	-0.777	0.275	0.0000
NAP	0.055	-0.298	0.114	-0.946	0.0000
变量	W_1	W_2	W_3	W_4	W_5
r_1	0.949	0.070	0.010	0.306	0.040
r_2	-0.490	0.831	-0.061	0.250	0.059
r_3	-0.282	-0.324	0.772	0.459	0.091
r_4	-0.198	-0.522	-0.780	0.277	0.059
r_5	0.061	-0.299	0.128	-0.934	0.135
变量	W_1	W_2	W_3	W_4	W_5
RG	0.944	0.067	0.014	0.285	0.000
RE	-0.496	0.821	-0.055	0.223	0.000
RD	-0.283	-0.321	0.757	0.427	0.000
RS	-0.205	-0.522	-0.760	0.254	0.000
NAP	0.054	-0.294	0.111	-0.874	0.000
变量	V_1	V_2	V_3	V_4	V_5
r_1	0.944	0.069	0.010	0.283	0.0000
r_2	-0.488	0.821	-0.060	0.230	0.0000
r_3	-0.281	-0.320	0.755	0.424	0.0000
r_4	-0.197	-0.515	-0.763	0.256	0.0000
r_5	0.061	-0.295	0.126	-0.862	0.0000

经过比较发现，在典型结构模型中，并不存在与典型相关不一致的现象。由表 4-7 可知，政府报酬率（RG）与第一典型变量 V_1 呈高度正相关关系（典型相关系数为 0.949），且政府公平系数（r_1）与第一典型变量 W_1 也呈高度正相关关系（典型相关系数为 0.949）。这可以说明，提高非国有上市公司的政府报酬率（RG）在增值额分配中的比例有利于体现分配公平。员工报酬率（RE）与第二典型变量 V_2 呈高度正相关关系（典型相关系数为 0.831），且员工公平系数（r_2）也与第二典型变量 W_2 呈高度正相关关系（典型相关系数为 0.831）。这可以说明，非国有上市公司的员工报酬率（RE）在增值额分配中的比例越高，分配越公平，所以非国有上市公司应增加员工报酬率（RE）在增值额分配中的比例。股东报酬率（RS）和第三典型变量 V_3 呈高度负相关关系（典型相关系数为-0.777），且股东公平系数（r_4）也与第三典型变量 W_3 呈高度负相关关系（典型相关系数为-0.780）。这可以说明，非国有上市公司的股东报酬率（RS）在增值额分配中的比例越高，分配越不公平，所以非国有上市公司应降低股东报酬率（RS）在增值额分配中的比例。债权人报酬率（RD）与第三典型变量 V_3 呈高度正相关关系（典型相关系数为 0.774），且债权人公平系数（r_3）也与第三典型变量 W_3 呈高度正相关关系（典型相关系数为 0.772）。这可以说明，非国有上市公司的债权人报酬率（RD）在增值额分配中的比例越高，分配越公平，非国有上市公司应适当增加债权人报酬率（RD）在增值额分配中的比例。

综合典型相关分析的结果，本书绘制了非国有上市公司“增值额分配比率”与“公平系数”的典型因素的结构图，具体如图 4-1 所示。经过分析发现，第一典型变量 V_1 和 W_1 的典型相关系数是 0.995，第二典型变量 V_2 和 W_2 的典型相关系数是 0.988，第三典型变量 V_3 和 W_3 的典型相关系数是 0.978。进一步说明本书选取的“增值额分配比率”和“公平系数”这两组变量具有较强的解释力。

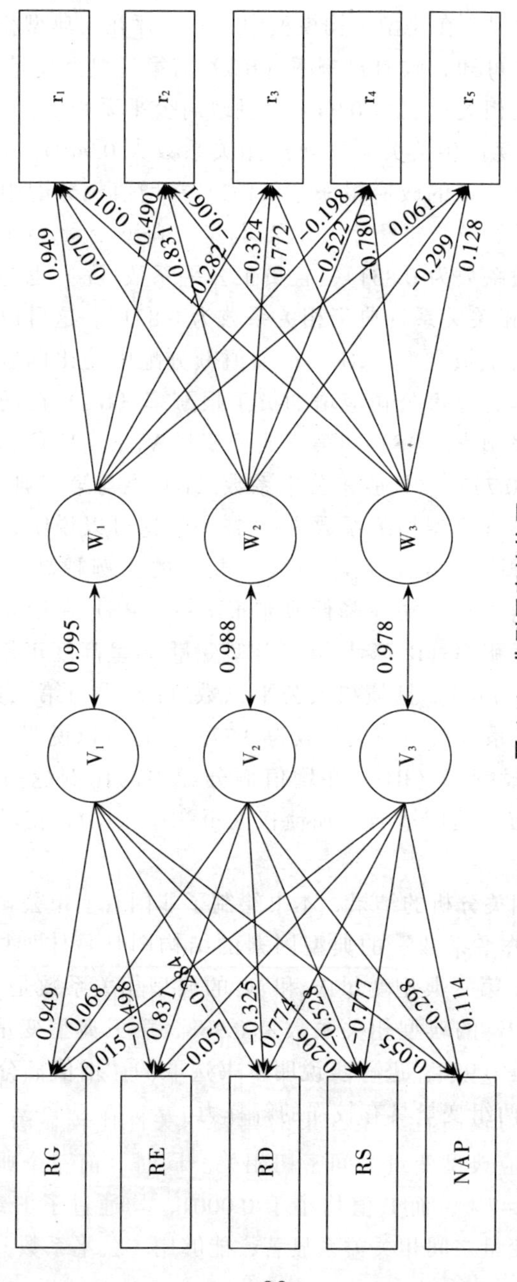

图 4-1　典型因素结构图

4.4 国有上市公司增值额分配与公平的典型相关分析

4.4.1 典型相关系数及其检验

首先，对国有上市公司的两组变量进行了 Wilks' Lambda 检验、Pillai 迹检验、Hotelling-Lawley 迹检验和 Roy 最大根检验，以此检验两组变量的相关性，进而分析对两组变量是否能进行典型相关分析。表 4-8 中列示了 Wilks' Lambda 检验、Pillai 迹检验、Hotelling-Lawley 迹检验和 Roy 最大根检验的值、F 值、分子自由度、分母自由度和 P 值。通过分析可以发现 4 个检验的 P 值均小于 0.0001，即 P 值均通过了 0.000 的检验。因此，对本书所选取国有上市公司的两组变量可以进行典型相关分析。

表 4-8　多变量统计量与 F 近似检验

统计量	值	F值	分子自由度	分母自由度	显著性水平 (Pr > F)
Wilks' Lambda	0.000	71 121.2	20	7 851.4	<.0001
Pillai's Trace	3.935	28 516.9	20	9 480	<.0001
Hotelling-Lawley Trace	365.354	43 219.7	20	5 200	<.0001
Roy's Greatest Root	182.813	86 653.2	5	2 370	<.0001

本书调用 SAS 9.2 统计分析软件中的典型相关分析 Cancorr 过程，对国有上市公司的“公平系数”和“增值额分配比率”两组变量进行典型相关分析，表 4-9 为典型相关分析的结果。从表 4-9 可知，前三个典型相关系数均较高且典型变量的典型相关性比较显著（Sig 均小于 0.05），表明相应典型变量之间密切相关。同时，前三个典型变量的累计百分比为 91.47%，而 P 值均小于 0.0001，均通过了 F 统计量检验，表明相应典型变量之间相关关系显著，能够用“公平系数”变量组来解

释“增值额分配比率”变量组。

表 4-9 典型相关分析结果

序号	特征根	百分比	累计百分比	典型相关系数	典型相关系数的平方	显著性水平（Pr > F）
1	182.813	0.5004	0.5004	0.997	0.994	<.0001
2	99.489	0.2723	0.7727	0.995	0.990	<.0001
3	51.905	0.1421	0.9147	0.991	0.982	<.0001
4	31.148	0.0852	1.000	0.984	0.969	<.0001

4.4.2 典型相关模型分析

根据对国有上市公司的“公平系数”和“增值额分配比率”两组变量典型相关分析的结果可以发现，前三对典型变量（V，W）的累积特征根已经占了总量的 91.47%，所以本书仅需采用前三对典型相关模型即可反映全部问题。本书列示了未标准化的典型相关系数，具体见表 4-10。

表 4-10 典型相关系数

变量	V_1	V_2	V_3	V_4	V_5
RG	-0.064	-5.532	1.840	3.052	0.000
RE	-4.041	3.666	1.789	6.670	0.000
RD	10.245	5.888	0.435	8.080	0.000
RS	-0.160	1.934	11.261	4.911	0.000
NAP	0.000	0.000	0.000	0.000	0.000
变量	W_1	W_2	W_3	W_4	W_5
r_1	0.078	-2.878	-0.431	1.584	16.224
r_2	-0.842	0.337	-0.278	0.423	9.714
r_3	0.612	0.216	-0.148	0.194	2.496
r_4	0.016	-0.026	0.993	0.014	2.319
r_5	0.065	-0.461	-0.654	-1.045	9.321

值得注意的是，由于本书选取的“公平系数”和“增值额分配比率”两组变量的计量单位并不一致，为了避免由此带来的统计误差，本书拟根据标准化之后的典型相关系数来构建典型相关模型，具体见表 4-11。

表 4-11 **标准化后的典型相关系数**

变量	V_1	V_2	V_3	V_4	V_5
RG	-0.007	-0.596	0.198	0.976	0.000
RE	-0.582	0.528	0.258	0.961	0.000
RD	0.764	0.439	0.032	0.603	0.000
RS	-0.016	0.193	1.126	0.491	0.000
NAP	0.000	0.000	0.000	0.000	0.000
变量	W_1	W_2	W_3	W_4	W_5
r_1	0.023	-0.830	-0.124	0.457	4.677
r_2	-0.542	0.217	-0.179	0.272	6.256
r_3	0.787	0.278	-0.190	0.250	3.209
r_4	0.013	-0.022	0.822	0.012	4.402
r_5	0.038	-0.270	-0.383	-0.612	5.460

本书根据标准化后的典型相关系数，构建了典型相关模型（右上角带“*”的变量表示标准化变量），具体见表 4-12。根据典型变量的重要程度和影响系数，从构建的典型相关模型可以发现，国有上市公司的分配公平性受到增值额分配比率的影响程度可以用三对典型相关变量予以综合表述。由表 4-12 中的第一组典型相关方程可知，债权人报酬率（RD）与第一典型变量 V_1 呈高度正相关，典型载荷为 0.764，这说明国有上市公司债权人报酬率（RD）对分配公平的影响要高于政府报酬率（RG）、员工报酬率（RE）、股东报酬率（RS）和企业留存率（NAP）。债权人公平系数（r_3）与第一典型变量 W_1 呈高度正相关，典型载荷为 0.787，说明在影响公平系数的因素中，债权人公平系数（r_3）占有主要地位。由第二组典型相关方程可知，政府报酬率（RG）与第二典型变量 V_2 呈高度负相关，典型载荷为-0.596，政府公平系数（r_1）与第二典型变量 W_2 呈高度负相关，典型载荷为-0.830，这说明在国有上市公司中政府

报酬率（RG）也是影响分配公平的重要因素，而政府公平系数（r_1）在影响公平系数的因素中占重要地位。由第三组典型相关方程可知，股东报酬率（RS）与第三典型变量 V_3 呈高度正相关，典型载荷为 1.126，股东公平系数（r_4）与第三典型变量 W_3 呈高度正相关，典型载荷为 0.882，这说明国有上市公司的股东报酬率（RS）也是影响公平系数的重要因素，而股东公平系数（r_4）在影响公平系数的因素中占重要地位。

表 4-12 **典型相关模型**

模型	公式
Model 1	V_1= −0.007RG* −0.582 RE*+0.764RD*−0.016RS* W_1= 0.023 r_1* −0.542r_2*+0.787 r_3*−0.013 r_4*+0.038 r_5*
Model 2	V_2=−0.596RG*+0.528 RE*+0.439RD*+0.193RS* W_2= −0.830r_1*+0.217r_2*+0.278 r_3*−0.022 r_4* −0.270 r_5*
Model 3	V_3=0.198RG*+0.258RE*+0.033RD*+1.126RS* W_3= −0.125r_1*−0.179 r_2*− 0.190r_3*+0.882r_4*−0.383 r_5*

4.4.3 典型结构分析

根据原始变量和典型变量之间的相关系数，本书列示了国有上市公司的典型结构分析结果，见表 4-13。经过比较发现，在典型结构模型中，并不存在与典型相关不一致的现象。由表 4-13 可知，债权人报酬率（RD）与第一典型变量 V_1 呈高度正相关关系（典型相关系数为 0.821），且债权人公平系数（r_3）与第一典型变量 W_1 也呈高度正相关关系（典型相关系数为 0.820）。这可以说明，提高国有上市公司的债权人报酬率（RD）在增值额分配中的比例是有利于体现分配公平的。政府报酬率（RG）与第二典型变量 V_2 呈高度负相关关系（典型相关系数为-0.842），且政府公平系数（r_1）也与第二典型变量 W_2 呈高度负相关关系（典型相关系数为-0.846）。这可以说明，国有上市公司的政府报酬率（RG）在增值额分配中的比例越低，分配越公平，所以国有上市公司应降低政府报酬率（RG）在增值额分配中的比例。股东报酬率（RS）和第三典型变量 V_3 呈高度正相关关系（典型相关系数为 0.974），且股东公平系数（r_4）也与第三典型变量 W_3 呈高度正相关关系（典型相关系数为 0.973）。这可以说明，国有上市公司的股东报酬率（RS）在增值额分配中的比例越高，分配越公平，所以国有上市公司应提高股东报酬率（RS）在增值额分配中的比例。

表 4-13　**典型结构**

变量	V_1	V_2	V_3	V_4	V_5
RG	0.071	−0.842	−0.085	0.528	0.000
RE	−0.644	0.580	−0.287	0.408	0.000
RD	0.821	0.435	−0.199	0.312	0.000
RS	0.111	0.003	0.974	−0.196	0.000
NAP	0.100	−0.202	0.253	−0.941	0.000
变量	W_1	W_2	W_3	W_4	W_5
r_1	0.071	−0.846	−0.086	0.522	0.010
r_2	−0.641	0.578	−0.292	0.407	0.058
r_3	0.820	0.432	0.202	0.314	0.037
r_4	0.109	0.006	0.973	−0.198	0.046
r_5	0.104	−0.197	−0.258	0.939	0.049
变量	W_1	W_2	W_3	W_4	W_5
RG	0.071	−0.838	−0.084	0.520	0.000
RE	−0.642	0.578	−0.284	0.402	0.000
RD	0.819	0.433	−0.197	0.307	0.000
RS	0.111	0.003	0.965	−0.192	0.000
NAP	0.100	−0.201	−0.250	−0.926	0.000
变量	V_1	V_2	V_3	V_4	V_5
r_1	0.071	−0.841	−0.085	0.514	0.000
r_2	−0.640	0.576	−0.289	0.401	0.000
r_3	0.818	0.430	−0.201	0.309	0.000
r_4	0.109	0.006	0.964	−0.195	0.000
r_5	0.104	−0.196	−0.255	−0.924	0.000

综合典型相关分析的结果，本书绘制了国有上市公司“增值额分配比率”与“公平系数”的典型因素的结构图，具体如图 4-2 所示。经过分析发现，第一典型变量 V_1 和 W_1 的典型相关系数是 0.997，第二典型变量 V_2 和 W_2 的典型相关系数是 0.995，第三典型变量 V_3 和 W_3 的典型相关系数是 0.991。进一步说明本书选取的“增值额分配比率”和“公平系数”这两组变量具有较强的解释力。

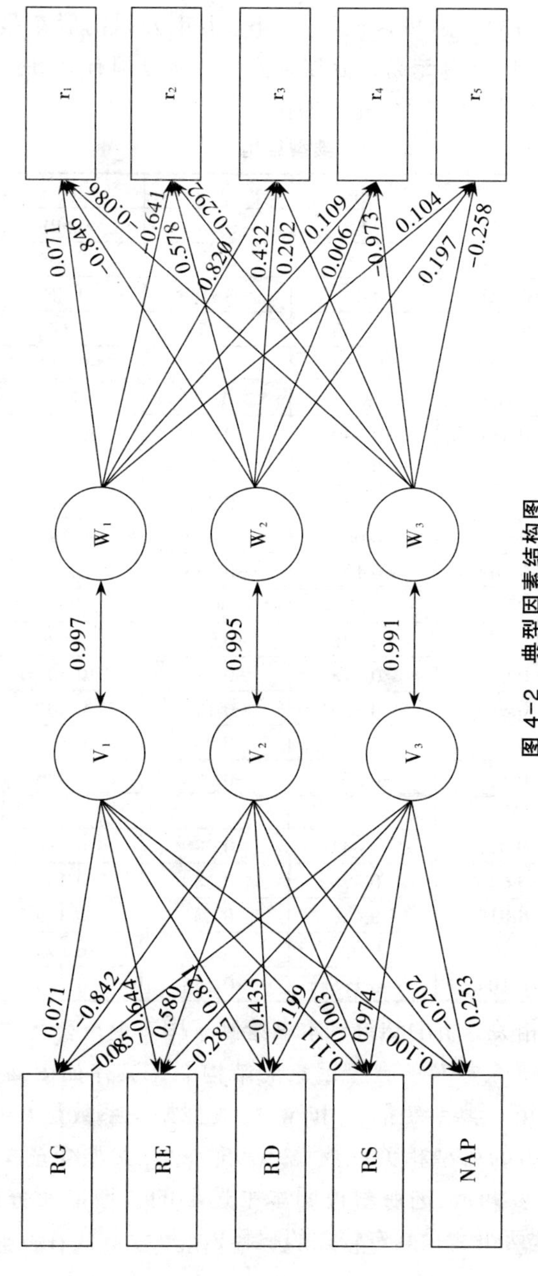

图 4-2 典型因素结构图

4.5 本章小结

如何处理好企业层面的政府、员工、债权人、股东与企业五者之间的财富分配关系，是进行初次分配的关键所在，是促进社会和谐及可持续发展的重要手段。本章采用我国 A 股上市公司 2003—2009 年的数据，在细分公司产权性质的基础上，运用典型相关分析方法分别对非国有上市公司和国有上市公司的增值额分配比率与公平性的关系进行了研究。研究的结论如下：

（1）非国有上市公司的增值额分配比率与公平性的实证研究。研究发现：政府报酬率（RG）与第一典型变量 V_1 呈高度正相关关系，且政府公平系数（r_1）与第一典型变量 W_1 也呈高度正相关关系。这可以说明，提高非国有上市公司的政府报酬率（RG）在增值额分配中的比例是有利于体现分配公平的。员工报酬率（RE）与第二典型变量 V_2 呈高度正相关关系，且员工公平系数（r_2）也与第二典型变量 W_2 呈高度正相关关系。这可以说明，非国有上市公司的员工报酬率（RE）在增值额分配中的比例越高，分配越公平，所以非国有上市公司应增加员工报酬率（RE）在增值额分配中的比例。股东报酬率（RS）和第三典型变量 V_3 呈高度负相关关系，且股东公平系数（r_4）也与第三典型变量 W_3 呈高度负相关关系。这可以说明，非国有上市公司的股东报酬率（RS）在增值额分配中的比例越高，分配越不公平，所以非国有上市公司应降低股东报酬率（RS）在增值额分配中的比例。债权人报酬率（RD）与第三典型变量 V_3 呈高度正相关关系，且债权人公平系数（r_3）也与第三典型变量 W_3 呈高度正相关关系。这可以说明，非国有上市公司的债权人报酬率（RD）在增值额分配中的比例越高，分配越公平，非国有上市公司应适当增加债权人报酬率（RD）在增值额分配中的比例。通过对典型因素结构图进行分析发现，第一典型变量 V_1 和 W_1 的典型相关系数是 0.995，第二典型变量 V_2 和 W_2 的典型相关系数是 0.988，第三典型变量 V_3 和 W_3 的典型相关系数是 0.978。进一步说明本书选取的“增值额分配比率”和“公平系数”这两组变量具有较强的解释力。

通过典型冗余分析发现，前三对典型变量的累计解释能力为73%，重叠系数累计为71%，这可以说明前三对典型变量可以较好地预测对应的那组变量，而且交互解释能力也比较强。

（2）国有上市公司的增值额分配比率与公平性的实证研究。研究发现：债权人报酬率（RD）与第一典型变量 V_1 呈高度正相关关系，且债权人公平系数（r_3）与第一典型变量 W_1 也呈高度正相关关系。这可以说明，提高国有上市公司的债权人报酬率（RD）在增值额分配中的比例有利于体现分配公平。政府报酬率（RG）与第二典型变量 V_2 呈高度负相关关系，且政府公平系数（r_1）也与第二典型变量 W_2 呈高度负相关关系。这可以说明，国有上市公司的政府报酬率（RG）在增值额分配中的比例越低，分配越公平，所以国有上市公司应降低政府报酬率（RG）在增值额分配中的比例。股东报酬率（RS）和第三典型变量 V_3 呈高度正相关关系，且股东公平系数（r_4）也与第三典型变量 W_3 呈高度正相关关系。这可以说明，国有上市公司的股东报酬率（RS）在增值额分配中的比例越高，分配越公平，所以国有上市公司应提高股东报酬率（RS）在增值额分配中的比例。通过对典型因素结构图进行分析发现，第一典型变量 V_1 和 W_1 的典型相关系数是0.997，第二典型变量 V_2 和 W_2 的典型相关系数是0.995，第三典型变量 V_3 和 W_3 的典型相关系数是0.991。进一步说明本书选取的“增值额分配比率”和“公平系数”这两组变量具有较强的解释力。通过典型冗余分析发现，前三对典型变量的累计解释能力为71%，重叠系数累计为70%，这可以说明前三对典型变量可以较好地预测对应的那组变量，而且交互解释能力也比较强。

5 基于典型相关分析的增值额分配比率与效率之间的关系研究

5.1 研究背景

作为经济学研究中的一个核心问题，效率是国内外学者们关注的一个永恒话题。在宏观层面上，萨缪尔森认为在经济资源稀缺性的前提下资源有效配置是一种宏观效率，而在微观层面上，某个组织在投入一定经济资源后能够实现产出最大化是一种微观效率。本书主要研究微观层面中的企业效率问题。在现代市场经济中，效率在一定程度上代表着竞争力和创新力，经济效率的提高或降低可以反映经济社会的进步或倒退。在经济社会中，企业之间的效率差异通常影响着企业在市场竞争中的地位，具有较高效率的企业往往更具有资源优势和竞争优势，因而也就能为企业利益相关者的利益分享提供更充分的经济保障。要提高一个社会的经济效率，在相当大的程度上取决于其最基本细胞——企业——的效率增长，而隐藏于其后的公司治理则是促进企业效率提升的微观路径。企业的主要任务是为企业的发展做贡献，为职工谋福利，为国家尽义务。为达到此目的，企业通过资源的最佳配置来保证企业增值额最大。熊楚熊在《增值会计学》一书中写道：增值额受外部环境、内部资源和激励力的约束，同时增值额又反过来影响激励力形成一个循环套路，这里的激励力主要是从增值额的分配和使用的角度来考虑的。他强调：增值额的分配和使用，不仅与满足各利益主体的物质需求有关，而且也与满足各利益主体的精神需要有关，所以增值额制约着激励力，增值额的分配和使用对激励力有影响，但关于对这种影响如何计量的研究在我国还是空白。本章采用典型相关分析，对效率和增值额合理分配是否有效率进行实证检验，试图找到增值额合理分配有助于提高企业效率、提升企业价值创造和增加企业财富的确切经验证据。

5.2 研究设计

5.2.1 样本选择与数据来源

本书以中国 A 股上市公司 2003—2009 年的数据为研究样本，从会计学角度看，公司濒临破产时，其净资产为负；财务报告作假或公司面临资产重组、资产收购等重大财务变动等，均可使公司的数据异常。因此，为确保研究的科学性和准确性，本书对样本和数据做了如下处理：①剔除每年被 ST 和 PT 的公司；②剔除数据不全的公司；③剔除被查出财务报告作假的公司；④剔除经历资产重组、资产收购、资产剥离等重大资产和财务变动的公司；⑤剔除各变量 1%以下和 99%以上的极端值。经过以上数据处理得到 3 176 个有效观测值，其中非国有上市公司样本 800 个，国有上市公司样本 2 376 个。相关增值额数据来自 CCER 数据库，财务比率数据来自锐思数据库，有部分数据手工摘自中国证券监督管理委员会网站上披露的上市公司年报。

5.2.2 变量定义

（1）财政贡献率

财政是政府优化资源配置、实现公平分配的重要工具，是一种政府经济行为。由于市场存在失灵，市场自发形成的配置不可能实现帕累托最优效应，因而需要政府介入和干预。财政的配置职能是由政府介入或干预所产生的，其特点和作用是通过本身的收支活动为政府提供公共物品、提供经费和资金，引导资源的注射，弥补市场的失灵和缺陷，最终实现全社会资源配置的最优效率状态。在市场经济条件下，由于各经济主体或个人所提供的生产要素不同、资源的稀缺程度不同以及受各种非竞争因素的干扰，各经济主体或要素获得的收入会出现较大的差距，甚至与要素及劳动投入不相对称，而过分悬殊的收入差距将涉及社会公平问题，因此，财政的收入分配职能主要是确定显示公平分配的标准和财政调节收入分配的特殊机制和手段。国家统计局发布的《中国统计年鉴2011》指出，2011 年全国的财政收入高达 10.374 万亿元，比上年增加了 2.064 万亿元，同比增长 24.8%。王俊霞等（2011）基于企业规模的视角对国有企业的财政贡献率进行了实证研究，研究发现大型国有企业为地方政府做出了巨大的财政贡献，这使得地方政府有动机促使国有企业走上一条不断扩张壮大的道路。本章拟采用财政贡献率（CTF）来计量政府获得报酬的效率，企业实际缴纳的税金与企业的工业增加值的比率即为财政贡献率。其中，工业增加值为员工报酬、折旧、税金和利润之和。

（2）全员劳动生产率

全员劳动生产率指根据产品的价值量指标计算的平均每一个从业人员在单位时间内的产品生产量。它是考核企业经济活动的重要指标，是企业生产技术水平、经营管理水平、职工技术熟练程度和劳动积极性的综合表现。劳动生产率不仅可以反映科技进步带来的效率增加，还可以衡量员工积极性、管理水平等其他替代生产要素对生产效率的影响。我国经济发展多年来一直依靠的是劳动力价格低廉的优势，但近年来仅依靠劳动力要素来带动的经济增长已经达到了顶峰，我国的经济增长方式必须向提高生产率发展。都阳和曲玥（2009）研究指出，提高劳动力的薪酬有利于提升劳动生产率。李立春和董丽（2008）通过对 20 年的数据进行分析发现，员工工资增长率与全员劳动生产率增长基本符合，他们认为可以通过提高工资水平来提升全员劳动生产率。关于劳动生产率的计算，张金昌（2002）指出计算方法不同使得我国的劳动生产率与国外的劳动生产率有着较大的差异。田成诗和盖美则发现我国各地区的劳动生产率存在着显著的地区差异，东部和南部地区的劳动生产率明显高于西部、中部和北部地区。本章拟采用全员劳动生产率（POAM）来计量员工报酬的效率，企业工业增加值与企业平均员工人数的比率即为全员劳动生产率。其中，企业工业增加值为员工报酬、折旧、税金和利润之和。

（3）财务费用率

财务费用指企业在生产经营过程中为筹集资金而发生的各项费用，包括企业生产经营期间发生的利息支出（减利息收入）、汇兑净损失（有的企业——如商品流通企业、保险企业——对其进行单独核算，不包括在财务费用中）、金融机构手续费，以及筹资发生的其他财务费用，如债券印刷费、国外借款担保费等。但在企业筹建期间发生的利息支出，应计入开办费；与购建固定资产或者无形资产有关的，在资产尚未交付使用或者虽已交付使用但尚未办理竣工决算之前的利息支出，计入购建资产的价值；清算期间发生的利息支出，计入清算损益。财务费用主要由利息收支净额、手续费、汇兑损益和其他财务费用构成，但是以利息收支净额为主。李广子和刘力（2009）以财务费用在总的期间费用中的比率作为衡量债务融资成本的代理变量。本书采用财务费用率（FER）作为衡量债权人报酬效率的代理变量，财务费用率（FER）即财务费用与营业总收入的比率，该比率越高则代表效率越高。

（4）投入资本回报率

资本回报率是指投出或使用资金与相关回报（回报通常表现为获取的利息和\或分得利润）之比例，用于衡量投出资金的使用效果。资本回报率通常用来直观地评估一个公司的价值创造能力。（相对）较高的投入资本回报率（即 ROIC 值），往往被视作公司强健或者管理有方的有力证据。但是，必须注意：资本回报率值高，也可能是管理不善的表现，比如过分强调营收，忽略成长机会，牺牲长期价值。关于投入资本回报率的计量，国内外学者进行了大量的研究：Fama 和 French（1999）、张铮等（2004）通过内部报酬率法来衡量投资回报率；赵平（2009）基于心理预期构建了投资收益定量分析模型来评估风险投资收益；张永杰等（2010）通过计算实验金融方法对投资收益进行了模拟；黄新建和李春红（2004）、祝继高等（2009）则对股票的投资回报进行了研究。本书主要针对股东投入资本的效率进行计量，拟采用投入资本回报率（ROIC），即息税前利润×（1–所得税/利润总额）×2/（年初投入资本+年末投入资本）。

（5）可持续增长率

在现代市场经济条件下，资源的有限性和环境污染的日益加剧使得可持续发展问题成为了学术界和实务界较为关心的话题。可持续发展是一种注重长远发展的经济增长模式，最初于1972年提出，指既满足当代人的需求，又不损害后代人满足其需求的能力，是科学发展观的基本要求之一。作为可持续发展理论中的重要理论，企业可持续发展是推动企业健康发展的重要手段。胡月晓（2004）对企业可持续发展与最佳增长速度进行了研究，指出市场上存在着相对于企业和行业的最佳增长率。肖海林和王方华（2004）则分析了企业可持续发展的时间、空间和动态三个维度特征，并指出了企业可持续发展的重要性。马小援（2010）则对企业可持续发展与企业环境的关系进行了分析，研究发现企业可持续发展与企业环境是一种双向互动的关系。本书拟采用可持续增长率（SGR）作为企业留存收益效率的代理变量，可持续增长率（SGR）即本年净利润与本年收益留存率的乘积除以年初股东权益。

本章所选用的变量的定义见表5-1。

表5-1 **变量定义**

增值额分配比率			效率指标		
变量名称	变量代码	计算方法	变量名称	变量代码	计算方法
政府报酬率	RG	税收/增值额	财政贡献率	CTF	实际缴纳的税金/（员工报酬+折旧+税金+利润）
员工报酬率	RE	工资和薪水/增值额	全员劳动生产率	POAM	（员工报酬+折旧+税金+利润）/企业平均员工人数
债权人报酬率	RD	利息/增值额	财务费用率	FER	财务费用/营业总收入
股东报酬率	RS	股利/增值额	投入资本回报率	ROIC	息税前利润×（1-所得税/利润总额）×2/（年初投入资本+年末投入资本）
企业留存率	NAP	留存收益/增值额	可持续增长率	SGR	（本年净利润×本年收益留存率）/年初股东权益

5.2.3 研究方法

本章采用的典型相关分析，由于前文已经叙述，本章概不赘述。本章将各个增值额分配比率当成一组变量，将各个效率指标当成一组变量，利用典型相关分析研究“增值额分配比率变量”与“效率指标变量”有较高的相关关系。本章运用 SAS 9.2 统计软件，调用典型相关分析 Cancorr 过程对“增值额分配比率”和“效率指标”两组变量进行典型相关分析。

5.3 非国有上市公司增值额分配比率与效率的典型相关分析

5.3.1 典型相关系数及其检验

首先，本书对两组变量进行了 Wilks' Lambda 检验、Pillai 迹检验、Hotelling-Lawley 迹检验和 Roy 最大根检验，以此检验两组变量的相关性，进而分析对两组变量是否能进行典型相关分析。表 5-2 中列示了 Wilks' Lambda 检验、Pillai 迹检验、Hotelling-Lawley 迹检验和 Roy 最大根检验的值、F 值、分子自由度、分母自由度和 P 值。通过分析可以发现 4 个检验的 P 值均小于 0.0001，即 P 值均通过了 0.000 的检验。因此，对本书所选取的两组变量可以进行典型相关分析。

表 5-2　多变量统计量与 F 近似检验

统计量	值	F 值	分子自由度（Num DF）	分母自由度（Den DF）	显著性水平（Pr > F）
Wilks' Lambda	0.236	48.310	20	1 768.7	<.0001
Pillai's Trace	1.111	41.250	20	2144	<.0001
Hotelling-Lawley Trace	1.959	52.110	20	1 165.2	<.0001
Roy's Greatest Root	1.077	115.500	5	536	<.0001

本书调用 SAS 9.2 统计分析软件中的典型相关分析 Cancorr 过程，对非国有上市公司的“效率指标”和“增值额分配比率”两组变量进行典型相关分析，表 5-3 为典型相关分析的结果。从表 5-3 可知，前三个典型相关系数均较高且典型变量的典型相关性比较显著（Sig 均小于 0.05），表明相应典型变量之间密切相关。同时，前三对典型变量的累计百分比为 96.5%，P 值均小于 0.0001，均通过了 F 统计量检验，表明相应典型变量之间相关关系显著，能够用“效率指标”变量组来解释“增值额分配比率”变量组。

表 5-3 **典型相关分析结果**

序号	特征根	百分比	累计百分比	典型相关系数	典型相关系数的平方	显著性水平（Pr > F）
1	1.0774	0.550	0.550	0.796	0.634	<.0001
2	0.6645	0.339	0.889	0.655	0.429	<.0001
3	0.1492	0.076	0.965	0.503	0.253	<.0001
4	0.0682	0.035	1.000	0.380	0.144	<.0001

5.3.2 典型相关模型分析

根据对非国有上市公司的“效率指标”和“增值额分配比率”两组变量进行的典型相关分析的结果可以发现，前三对典型变量（V，W）的累积特征根已经占了总量的 96.5%，所以本书仅需采用前三对典型相关模型即可反映全部问题。表 5-4 为未标准化的典型相关系数。

值得注意的是，由于本书选取的“效率指标”和“增值额分配比率”两组变量的计量单位并不一致，为了避免由此带来的统计误差，本书拟根据标准化之后的典型相关系数来构建典型相关模型。表 5-5 为标准化后的典型相关系数。

表 5-4 典型相关系数

变量	V_1	V_2	V_3	V_4	V_5
RG	1.944	-3.914	9.466	0.544	0.000
RE	3.667	-7.921	0.044	1.049	0.000
RD	14.674	2.784	2.388	-2.739	0.000
RS	2.083	-4.190	2.386	-10.316	0.000
NAP	0.000	0.000	0.000	0.000	0.000
变量	W_1	W_2	W_3	W_4	W_5
CTF	-0.235	0.241	2.792	0.861	1.228
POAM	-0.038	0.030	0.006	-0.056	-0.003
FER	0.255	0.176	-0.049	-0.017	0.174
ROIC	-0.013	-0.094	-0.104	0.038	0.223
SGR	-0.011	0.092	0.005	0.070	-0.111

表 5-5 标准化后的典型相关系数

变量	V_1	V_2	V_3	V_4	V_5
RG	0.212	-0.427	1.034	0.059	0.000
RE	0.471	1.018	0.006	0.135	0.000
RD	1.017	0.193	0.166	-0.190	0.000
RS	0.198	-0.398	0.227	-0.979	0.000
NAP	0.000	0.000	0.000	0.000	0.000
变量	W_1	W_2	W_3	W_4	W_5
CTF	-0.075	0.077	0.890	0.274	0.391
POAM	-0.577	0.460	0.098	-0.862	-0.043
FER	0.737	0.508	-0.142	-0.050	0.503
ROIC	-0.084	-0.591	-0.659	0.2396	1.405
SGR	-0.105	0.911	0.053	0.693	-1.097

本书采用标准化后的典型相关系数给出典型相关模型（右上角带“*”的变量表示标准化变量），见表 5-6。根据典型变量的重要程度和影响系数，从构建的典型相关模型中可以发现，非国有上市公司的分配效率受到增值额分配比率的影响程度可以用三对典型相关变量予以综合表述。由表 5-6 中的第一组典型相关方程可知，债权人报酬率（RD）与第一典型变量 V_1 呈高度正相关，典型载荷为 1.017，这说明非国有上市公司债权人报酬率（RD）对分配效率的影响要高于政府报酬率（RG）、员工报酬率（RE）、股东报酬率（RS）和企业留存率（NAP）。财务费用率（FER）和第一典型变量 W_1 呈高度正相关，典型载荷为 0.737，说明在影响企业效率的各因素中，财务费用率（FER）占有主要地位。由第二组典型相关方程可知，员工报酬率（RE）与第二典型变量 V_2 呈高度正相关，典型载荷为 1.018，这说明在非国有上市公司中员工报酬率（RE）也是影响效率的重要因素。可持续增长率（SGR）与第二典型变量 W_2 呈高度正相关，典型载荷为 0.911，这说明可持续增长率（SGR）在影响效率的因素中占重要地位。由第三组典型相关方程可知，政府报酬率（RG）和第三典型变量 V_3 呈高度正相关，典型载荷为 1.034，说明在影响企业效率的各因素中，政府报酬率（RG）也占有一定地位。财政贡献率（CTF）和第三典型变量 W_3 呈高度正相关，典型载荷为 0.890，这可以说明非国有上市公司的财政贡献率（CTF）在影响效率的因素中占一定地位。

表 5-6　　**典型相关模型**

模型	公式
Model 1	V_1= 0.212RG* +0.471RE*+1.017RD*+0.198RS* W_1= −0.075CTF*−0.577POAM*+0.737FER*−0.084ROIC*−0.105SGR*
Model 2	V_2=−0.427RG*+1.018 RE*+0.193RD*−0.398RS* W_2=0.077CTF*+0.460POAM*+0.508FER*−0.591ROIC*+0.911SGR*
Model 3	V_3=1.034RG*+0.006 RE*+0.166RD*+0.227RS* W_3=0.890CTF*+0.098POAM*−0.142FER*−0.659ROIC* +0.053SGR*

5.3.3 典型结构分析

根据原始变量和典型变量之间的相关系数，本书列示了非国有上市公司的典型结构分析结果，见表 5-7。经比较发现，在典型结构模型中，不存在与典型相关不一致的现象。由表 5-7 知，债权人报酬率（RD）与第一典型变量 V_1 呈高度正相关关系（典型相关系数为 0.907），财务费用率（FER）和第一典型变量 W_1 呈高度正相关（典型相关系数为 0.725），员工报酬率（RE）与第二典型变量 V_2 呈高度正相关（典型相关系数为 0.818），可持续增长率（SGR）与第二典型变量 W_2 呈高度正相关（典型相关系数为 0.616），政府报酬率（RG）和第三典型变量 V_3 呈高度正相关（典型相关系数为 0.971），财政贡献率（CTF）和第三典型变量 W_3 呈高度正相关（典型相关系数为 0.824）。这说明非国有上市公司债权人报酬率（RD）、员工报酬率（RE）和政府报酬率（RG）在增值额分配中的比例越高，分配越具有效率；财务费用率（FER）、可持续增长率（SGR）和财政贡献率（CTF）越高，企业效率越高。非国有上市公司应该提高财务费用率（FER）、可持续增长率（SGR）和财政贡献率（CTF）这三个指标，最终提高公司的运作效率。

表 5-7　　典型结构分析结果

变量	V_1	V_2	V_3	V_4	V_5
RG	-0.115	-0.020	0.971	0.210	0.000
RE	0.277	0.818	-0.412	0.293	0.000
RD	0.907	0.421	-0.013	0.009	0.000
RS	-0.145	-0.195	0.005	-0.970	0.000
NAP	-0.534	0.715	-0.389	0.229	0.000

续表

变量	W_1	W_2	W_3	W_4	W_5
CTF	-0.208	0.172	0.824	0.305	0.395
POAM	-0.619	0.584	-0.073	-0.456	0.252
FER	0.725	0.589	-0.060	-0.192	0.296
ROIC	-0.564	0.241	-0.424	0.483	0.507
SGR	-0.440	0.616	-0.274	0.592	0.003
变量	W_1	W_2	W_3	W_4	W_5
RG	-0.083	-0.013	0.350	0.053	0.000
RE	0.199	-0.517	-0.148	0.074	0.000
RD	0.653	0.266	-0.005	0.002	0.000
RS	-0.104	-0.124	0.002	-0.245	0.000
NAP	-0.208	0.452	-0.140	0.058	0.000
变量	V_1	V_2	V_3	V_4	V_5
CTF	-0.208	0.172	0.824	0.305	0.000
POAM	-0.619	0.584	-0.073	-0.456	0.000
FER	0.725	0.589	-0.060	-0.192	0.000
ROIC	-0.564	0.241	-0.424	0.483	0.000
SGR	-0.440	0.616	-0.274	0.592	0.000

综合典型相关分析的结果，本书绘制了非国有上市公司“增值额分配比率”与“效率指标”的典型因素的结构图，具体如图 5-1 所示。经过分析发现，第一典型变量 V_1 和 W_1 的典型相关系数是 0.796，第二典型变量 V_2 和 W_2 的典型相关系数是 0.655，第三典型变量 V_3 和 W_3 的典型相关系数是 0.503。这进一步说明本书选取的“增值额分配比率”和“效率指标”这两组变量具有较强的解释力。

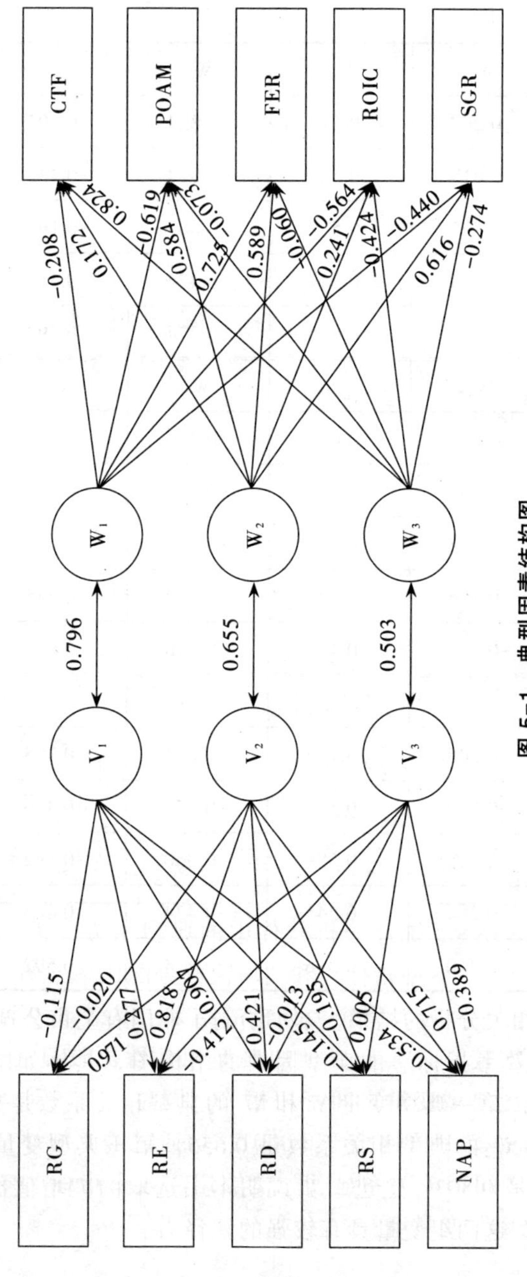
CTF
POAM
FER
ROIC
SGR
-0.208
0.172
0.824
-0.619
0.584
0.725
-0.073
0.589
-0.060
-0.564
0.241
-0.424
-0.440
0.616
-0.274
W1
W2
W3
0.796
0.655
0.503
V1
V2
V3
-0.115
-0.020
0.277
0.971
0.818
-0.412
0.421
-0.013
-0.145
0.005
-0.534
0.715
-0.389
RG
RE
RD
RS
NAP

图 5-1 典型因素结构图

5.4 国有上市公司增值额分配比率与效率的典型相关分析

5.4.1 典型相关系数及其检验

首先，本书对两组变量进行了 Wilks' Lambda 检验、Pillai 迹检验、Hotelling-Lawley 迹检验和 Roy 最大根检验，以此检验两组变量的相关性，进而分析对两组变量是否能进行典型相关分析。表 5-8 中列示了 Wilks' Lambda 检验、Pillai 迹检验、Hotelling-Lawley 迹检验和 Roy 最大根检验的值、F 值、分子自由度、分母自由度和 P 值。通过分析可以发现 4 个检验的 P 值均小于 0.0001，即 P 值均通过了 0.000 的检验。因此，对本书所选取的两组变量可以进行典型相关分析。

表 5-8 多变量统计量与 F 近似检验

统计量	值	F 值	分子自由度 (Num DF)	分母自由度 (Den DF)	显著性水平 (Pr > F)
Wilks' Lambda	0.290	177.59	20	751.4	<.0001
Pillai's Trace	0.931	143.78	20	9 480	<.0001
Hotelling-Lawley Trace	1.725	204.10	20	5 200	<.0001
Roy's Greatest Root	1.170	554.35	5	2 370	<.0001

本书调用 SAS 9.2 统计分析软件中的典型相关分析 Cancorr 过程，对国有上市公司的“效率指标”和“增值额分配比率”两组变量进行典型相关分析，表 5-9 为典型相关分析的结果。从表 5-9 可知，前三个典型相关系数均较高且典型变量的典型相关性比较显著（Sig 均小于 0.05），表明相应典型变量之间密切相关。同时，前三对典型变量的累计百分比为 99.9%，P 值均小于 0.0001，均通过了 F 统计量检验，表明相应典型变量之间相关关系显著，能够用“效率指标”变量组来解释“增值额分配比率”变量组。

表 5-9 **典型相关分析结果**

序号	特征根	百分比	累计百分比	典型相关系数	典型相关系数的平方	显著性水平（Pr > F）
1	1.170	0.678	0.678	0.734	0.539	<.0001
2	0.487	0.282	0.960	0.572	0.328	<.0001
3	0.068	0.039	0.999	0.252	0.064	<.0001
4	0.001	0.001	1.000	0.025	0.001	<.0001

5.4.2 典型相关模型分析

根据对国有上市公司“效率指标”和“增值额分配比率”两组变量进行典型相关分析的结果可以发现，前三对典型变量（V，W）的累积特征根已经占了总量的 99.9%，所以本书仅需采用前三对典型相关模型即可反映全部问题。表 5-10 为未标准化的典型相关系数。

表 5-10 **未标准化的典型相关系数**

变量	V_1	V_2	V_3	V_4	V_5
RG	-0.256	-5.133	-1.297	9.372	0.000
RE	0.360	7.651	-4.333	-0.123	0.000
RD	13.582	-2.758	-2.129	2.910	0.000
RS	1.140	-1.242	-11.807	3.530	0.000
NAP	0.000	0.000	0.000	0.000	0.000
变量	W_1	W_2	W_3	W_4	W_5
CTF	-0.003	0.002	-0.018	0.197	-0.188
POAM	-0.009	0.025	-0.029	0.008	0.012
FER	0.307	0.101	0.091	-0.044	-0.060
ROIC	-0.012	0.005	0.060	-0.144	-0.152
SGR	-0.016	0.059	0.079	0.092	0.092

值得注意的是，由于本书选取的“效率指标”和“增值额分配比

率”两组变量的计量单位并不一致，为了避免由此带来的统计误差，本书拟根据标准化之后的典型相关系数来构建典型相关模型。表 5-11 为标准化后的典型相关系数。

表 5-11　　**标准化后的典型相关系数**

变量	V_1	V_2	V_3	V_4	V_5
RG	−0.028	−0.553	−0.140	1.010	0.000
RE	0.052	1.103	−0.624	−0.018	0.000
RD	1.013	−0.206	−0.159	0.217	0.000
RS	0.114	−0.124	−1.181	0.353	0.000
NAP	0.000	0.000	0.000	0.000	0.000
变量	W_1	W_2	W_3	W_4	W_5
CTF	−0.010	0.009	−0.066	0.721	−0.690
POAM	−0.270	0.703	0.405	0.217	0.333
FER	0.946	0.310	0.281	−0.136	−0.184
ROIC	−0.080	0.031	−0.321	−0.976	−1.031
SGR	−0.127	0.469	0.631	0.731	0.729

本书采用标准化后的典型相关系数给出典型相关模型（右上角带“*”的变量表示标准化变量），见表 5-12。根据典型变量的重要程度和影响系数，从构建的典型相关模型可以发现，国有上市公司的分配效率受到增值额分配比率的影响程度可以用三对典型相关变量予以综合表述。由表 5-12 中的第一组典型相关方程可知，债权人报酬率（RD）与第一典型变量 V_1 呈高度正相关，典型载荷为 1.013，这说明国有上市公司债权人报酬率（RD）对分配效率的影响要高于政府报酬率（RG）、员工报酬率（RE）、股东报酬率（RS）和企业留存率（NAP）。财务费用率（FER）和第一典型变量 W_1 呈高度正相关，典型载荷为 0.946，说明在影响国有上市公司效率的各因素中，财务费用率（FER）占有最主要地位。由第二组典型相关方程可知，员工报酬率（RE）与第二典型变量 V_2 呈高度正相关，典型载荷为 1.103，这说明在国有上市公司中员工报酬率（RE）也是影响效率的重要因素。全员劳动生产率（POAM）与第二典型变量 W_2 呈高度正相关，典型载荷为 0.703，这说明全员劳动生产率（POAM）在影响效率的因素中占重要地位。股东报酬率

(RS）与第三典型变量 V_3 呈中度负相关，典型载荷为-1.181，这说明在国有上市公司中股东报酬率（RS）也是影响效率的重要因素。可持续增长率（SGR）与第三典型变量 W_3 呈高度正相关，典型载荷为 0.631，这说明可持续增长率（SGR）在影响效率的因素中占一定地位。

表 5-12 **典型相关模型**

模型	公式
Model 1	V_1= -0.028RG* +0.052RE*+1.013RD*+0.114RS* W_1= -0.010CTF*-0.270POAM*+0.946FER*-0.080ROIC*-0.127SGR*
Model 2	V_2=-0.553RG*+1.103 RE*-0.206RD*-0.124RS* W_2=0.009CTF*+0.703POAM*+0.310FER*+0.031ROIC*+0.469SGR*
Model 3	V_3=-0.140RG*-0.624 RE*-0.159RD*-1.181RS* W_3=-0.066CTF*-0.821POAM*+0.281FER*+0.405ROIC* +0.631SGR*

5.4.3 典型结构分析

根据原始变量和典型变量之间的相关系数，本书列示了国有上市公司的典型结构分析结果，见表 5-13。经过比较发现，在典型结构模型中，并不存在与典型相关不一致的现象。由表 5-13 可知，债权人报酬率（RD）与第一典型变量 V_1 呈高度正相关关系（典型相关系数为 0.994），且财务费用率（FER）与第一典型变量 W_1 也呈高度正相关关系（典型相关系数为 0.927），这可以说明提高国有上市公司的债权人报酬率（RD）在增值额分配中的比例有利于提高公司的效率。员工报酬率（RE）与第二典型变量 V_2 呈高度正相关（典型相关系数为 0.868），全员劳动生产率（POAM）与第二典型变量 W_2 呈高度正相关（典型相关系数为 0.852）。这说明提高国有上市公司的员工报酬率（RE）和全员劳动生产率（POAM），有利于提高国有上市公司的分配效率。企业留存率（NAP）与第二典型变量 V_2 呈高度正相关（典型相关系数为 0.767），可持续增长率（SGR）与第二典型变量 W_2 呈高度正相关（典型相关系数为 0.570），这说明提高国有上市公司的企业留存率（NAP）和可持续增长率（SGR）有利于提高国有上市公司的分配效率。股东报酬率（RS）和第三典型变量 V_3 呈高度负相关关系（典型相关系数为-0.862），投入资本回报率

(ROIC) 与第三典型变量 W_3呈正相关（典型相关系数为 0.384），这意味着股东报酬率（RS）对国有上市公司的效率的影响并不明晰。

表 5-13 **典型结构分析结果**

变量	V_1	V_2	V_3	V_4	V_5
RG	−0.191	−0.181	0.277	0.924	0.000
RE	−0.082	0.868	−0.062	−0.486	0.000
RD	0.994	−0.015	0.108	0.034	0.000
RS	−0.068	0.482	−0.862	0.143	0.000
NAP	−0.275	0.767	0.450	−0.365	0.000
变量	W_1	W_2	W_3	W_4	W_5
CTF	−0.027	0.034	−0.055	0.715	−0.696
POAM	−0.161	0.852	−0.484	−0.106	−0.051
FER	0.927	0.370	−0.011	−0.029	−0.038
ROIC	−0.442	0.589	0.384	−0.374	−0.413
SGR	−0.343	0.570	0.708	0.190	0.143
变量	W_1	W_2	W_3	W_4	W_5
RG	−0.140	−0.103	0.070	0.023	0.000
RE	−0.060	−0.497	−0.016	−0.012	0.000
RD	0.729	−0.009	0.027	0.001	0.000
RS	−0.050	0.276	−0.218	0.004	0.000
NAP	−0.202	0.439	0.114	−0.009	0.000
变量	V_1	V_2	V_3	V_4	V_5
CTF	−0.020	0.020	−0.014	0.018	0.000
POAM	−0.118	0.488	−0.122	−0.003	0.000
FER	0.681	0.212	−0.003	−0.001	0.000
ROIC	−0.325	0.337	0.097	−0.009	0.000
SGR	−0.252	0.326	0.179	0.005	0.000

综合典型分析的结果，本书绘制了国有上市公司“增值额分配比率”与“效率指标”的典型因素的结构图，具体如图 5-2 所示。经过分析发现，第一典型变量 V_1和 W_1的典型相关系数是 0.734，第二典型变量 V_2和 W_2的典型相关系数是 0.572，第三典型变量 V_3和 W_3的典型相关系数是 0.252。这在一定程度上可以说明本书选取的“增值额分配比率”和“效率指标”这两组变量具有较强的解释力。

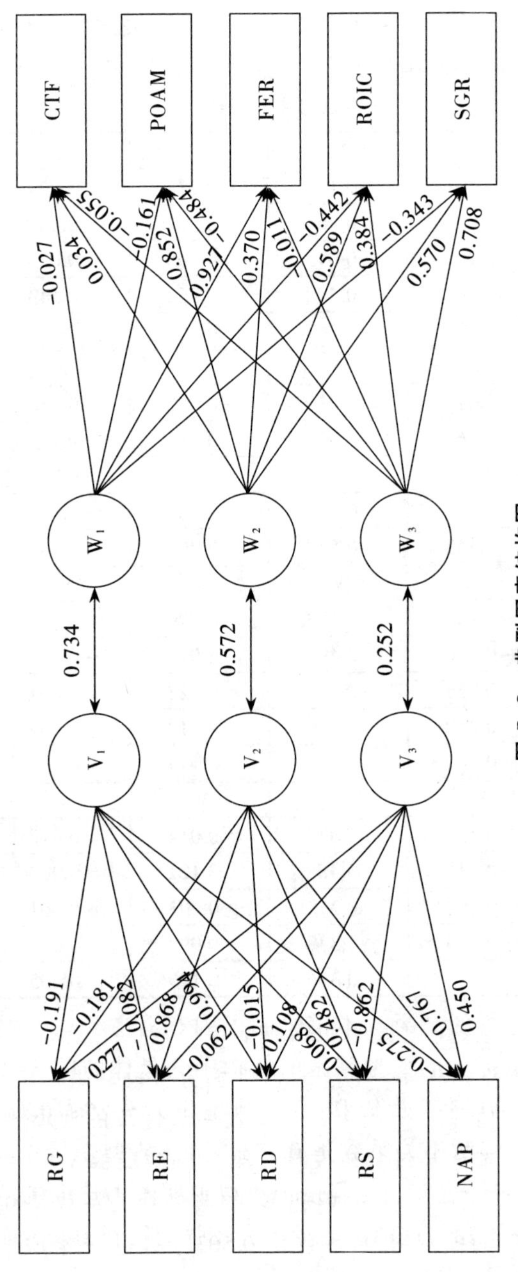
CTF
POAM
FER
ROIC
SGR
W1
W2
W3
0.734
0.572
0.252
V1
V2
V3
RG
RE
RD
RS
NAP

图 5-2 典型因素结构图

5.5 本章小结

增值额的分配合理与否对企业的效率有着巨大的影响，如何确定合理的政府、员工、债权人、股东与企业五者之间的财富分配关系，将对企业效率的提升有着重要的作用。本章采用我国 A 股上市公司 2003—2009 年的数据，在细分上市公司产权性质的基础上，运用典型相关分析方法分别对非国有上市公司和国有上市公司的增值额分配比率与效率的关系进行了研究。研究的结论如下：

（1）非国有上市公司的增值额分配比率与企业效率的实证研究。从第一组典型相关方程可知，债权人报酬率（RD）与第一典型变量 V_1 呈高度正相关，典型载荷为 1.017，这说明非国有上市公司债权人报酬率（RD）对分配效率的影响要高于政府报酬率（RG）、员工报酬率（RE）、股东报酬率（RS）和企业留存率（NAP）。财务费用率（FER）和第一典型变量 W_1 呈高度正相关，典型载荷为 0.737，说明在影响非国有上市公司效率的各因素中，财务费用率（FER）占有主要地位。由第二组典型相关方程可知，员工报酬率（RE）与第二典型变量 V_2 呈高度正相关，典型载荷为 1.018，这说明在非国有上市公司中员工报酬率（RE）也是影响效率的重要因素。可持续增长率（SGR）与第二典型变量 W_2 呈高度正相关，典型载荷为 0.911，这说明可持续增长率（SGR）在影响效率的因素中占重要地位。由第三组典型相关方程可知，政府报酬率（RG）和第三典型变量 V_3 呈高度正相关，典型载荷为 1.034，说明在影响非国有上市公司效率的各因素中，政府报酬率（RG）也占有一定地位。财政贡献率（CTF）和第三典型变量 W_3 呈高度正相关，典型载荷为 0.890，这可以说明非国有上市公司的财政贡献率（CTF）在影响效率的因素中占一定地位。综合典型分析的结果，本章绘制了非国有上市公司“增值额分配比率”与“效率指标”的典型因素的结构图，具体如图 5-1 所示。经过分析发现，第一典型变量 V_1 和 W_1 的典型相关系数是 0.796，第二典型变量 V_2 和 W_2 的典型相关系数是 0.655，第三典型变量 V_3 和 W_3 的典型相关系数是 0.503。这进一步说明本书选取的

“增值额分配比率”和“效率指标”这两组变量具有较强的解释力。

(2) 国有上市公司的增值额分配比率与企业效率的实证研究。从第一组典型相关方程可知，债权人报酬率（RD）与第一典型变量 V_1 呈高度正相关，典型载荷为 1.013，这说明国有上市公司债权人报酬率（RD）对分配效率的影响要高于政府报酬率（RG）、员工报酬率（RE）、股东报酬率（RS）和企业留存率（NAP）。财务费用率（FER）和第一典型变量 W_1 呈高度正相关，典型载荷为 0.946，说明在影响国有上市公司效率的各因素中，财务费用率（FER）占有最主要地位。由第二组典型相关方程可知，员工报酬率（RE）与第二典型变量 V_2 呈高度正相关，典型载荷为 1.103，这说明在国有上市公司中员工报酬率（RE）也是影响效率的重要因素。全员劳动生产率（POAM）与第二典型变量 W_2 呈高度正相关，典型载荷为 0.703，这说明全员劳动生产率（POAM）在影响效率的因素中占重要地位。股东报酬率（RS）与第三典型变量 V_3 呈高度负相关，典型载荷为-1.181，这说明在国有上市公司中股东报酬率（RS）也是影响效率的重要因素。可持续增长率（SGR）与第三典型变量 W_3 呈高度正相关，典型载荷为 0.631，这说明可持续增长率（SGR）在影响效率的因素中占一定地位。综合典型分析的结果，本书绘制了国有上市公司“增值额分配比率”与“效率指标”的典型因素的结构图，具体如图 5-2 所示。经过分析发现，第一典型变量 V_1 和 W_1 的典型相关系数是 0.734，第二典型变量 V_2 和 W_2 的典型相关系数是 0.572，第三典型变量 V_3 和 W_3 的典型相关系数是 0.252。这在一定程度上可以说明本书选取的“增值额分配比率”和“效率指标”这两组变量具有较强的解释力。

6 兼顾公平与效率的增值额分配比率的实证研究

6.1 研究背景

效率与公平是一对矛盾体，两者看似不可调和，却又互相依存。没有无效率的公平，也不可能存在无公平的效率。“效率优先，兼顾公平”这一原则强调的是资源的配置。但以最小的投入获得最大的产出时，我们说的是资源的配置利用有效率。在追求效率的情况下，我国的资源得到优化配置，使得产出大大提高，所以经济得以迅速发展。这一点是值得肯定的。在我国，资源是有限的。一部分人过多地占用了资源，这必然会导致一部分人资源的占有量减少。所以，虽然总体效率提高了，收入增加了，但过少占用资源的那一部分人在这个过程中收益并不多。然而，效率是为了更好的公平，而公平则是为了更高的效率。公平不仅是效率的前提，也是效率得以提高的关键。以我们国家为例，经济的发展离不开社会的稳定，而公平对待收入问题是保证稳定的关键。那公平又是如何促进效率提高呢？我们看到高收入人群在完成一定的消费以后，会将剩余的收入储蓄起来，储蓄的增加使利率降低，投资旺盛，投资带来了巨大的供给，然而市场需求并未相应增加。如果总供给大于总需求，那么就会出现生产过剩的问题。在这个时候，市场配置的效率就很低下。如果重视公平，提高低收入人群的收入，就可以增强其购买力，从而增加市场需求，市场的供求恢复平衡，效率提高了。在现阶段，我们应当如何处理好效率与公平的关系呢？这是学术界和理论界较为关心的问题，也是亟待解决的问题。

6.2 研究设计

6.2.1 样本选择与数据来源

本书以中国A股上市公司2003—2009年的数据为研究样本，从会计学角度看，公司濒临破产时，其净资产为负；财务报告作假或公司面临资产重组、资产收购等重大财务变动等，均可使公司的数据异常。因此，为确保研究的科学性和准确性，本书对样本和数据做了如下处理：①剔除每年被ST和PT的公司；②剔除数据不全的公司；③剔除被查出财务报告作假的公司；④剔除经历资产重组、资产收购、资产剥离等重大资产和财务变动的公司；⑤剔除各变量1%以下和99%以上的极端值。经过以上数据处理得到3 176个有效观测值，其中非国有上市公司样本800个，国有上市公司样本2 376个。相关增值额数据来自CCER数据库，财务比率数据来自锐思数据库，有部分数据手工摘自中国证券监督管理委员会网站上披露的上市公司年报。

6.2.2 变量定义

（1）被解释变量

本书沿袭上述研究的方法，本章选用政府报酬率（RG）、员工报酬率（RE）、债权人报酬率（RD）、股东报酬率（RS）、企业留存率（NAP）。政府报酬率（RG）采用税收与增值额的比值来反映政府的报酬。员工报酬率（RE）采用员工的工资和薪水与增值额的比值来反映员工报酬。债权人报酬率（RD）采用债权人所得占增值额的比值反映债权人报酬。股东报酬率（RS）采用股利占增值额的比值来反映股东报酬。企业留存率（NAP）采用留存收益与增值额的比值来反映企业留存。

（2）解释变量

本章的解释变量为公平（FAI）和效率（EFF），拟采用主成分分析法对公平（FAI）和效率（EFF）进行合理评价。在进行主成分分析之前，为了避免指标数量级间的差异给研究带来影响，本书采用极值处理法对各个指标进行了标准化处理。

①KMO 检验和 Bartlett 检验

在利用主成分分析对衡量公平性的五个指标提取主成分之前，本书先进行了 KMO 检验和 Bartlett 检验，以此判别本书选取的数据可否适应主成分分析法。具体而言，Bartlett 检验可以发掘数据是否符合正态分布，仅当 Bartlett 检验的 F 值显著时才能确定数据符合正态分布，进而进入下一步骤。KMO 检验可以分析选用的评价指标之间的简单相关系数和偏相关系数，KMO 值的取值范围为［0，1］，仅当 KMO 值大于等于 0.6 时，才能说明对本书选取的评价指标可以进行主成分分析。

表 6-1　KMO 检验和 Bartlett 检验结果

项目		非国有上市公司		国有上市公司	
		公平	效率	公平	效率
取样足够度的 Kaiser-Meyer-Olkin 度量		0.802	0.659	0.804	0.767
Bartlett 的球形度检验	近似卡方	2 144.949	1 359.308	9 441.398	2 086.091
	df	10	10	10	10
	Sig.	0.000	0.000	0.000	0.000

表 6-1 为本书选取评价指标的 KMO 检验和 Bartlett 检验结果。从表 6-1 中可以发现，Bartlett 检验统计量分别为 2 144.949、1 359.308、9 441.398、2 086.091，而相应的 Sig. 值都为 0.000，这意味着本书用以评价公平和效率的指标均符合正态分布。同时，KMO 检验度量值分别为 0.802、0.659、0.804、0.767，均大于 0.6 这一标准，可知本书所选变量比较适合进行主成分分析。

②变量的相关性分析

表 6-2 中列示的是非国有上市公司和国有上市公司样本的公平评

价指标之间的相关性分析结果。表 6-2 的结果可以说明，各评价指标两两之间的相关系数均小于 0.5，所以可以说明非国有上市公司和国有上市公司样本的评价指标之间并不存在多重共线性问题。

表 6-2 **相关矩阵（公平）**

项目		非国有上市公司					国有上市公司				
		r_1	r_2	r_3	r_4	r_5	r_1	r_2	r_3	r_4	r_5
相关系数	r_1	1.000	-0.329	-0.138	-0.144	-0.242	1.000	-0.296	-0.126	-0.183	-0.294
	r_2	-0.329	1.000	-0.058	-0.216	-0.411	-0.296	1.000	-0.087	-0.428	-0.485
	r_3	-0.138	-0.058	1.000	-0.245	-0.238	-0.126	-0.087	1.000	-0.165	-0.240
	r_4	-0.144	-0.216	-0.245	1.000	-0.207	-0.183	-0.428	-0.165	1.000	-0.053
	r_5	-0.242	-0.411	-0.238	-0.207	1.000	-0.294	-0.485	-0.240	-0.053	1.000
Sig. (1-tailed)	r_1		0.000	0.000	0.000	0.000		0.000	0.000	0.000	0.000
	r_2	0.000		0.050	0.000	0.000	0.000		0.000	0.000	0.000
	r_3	0.000	0.050		0.000	0.000	0.000	0.000		0.000	0.000
	r_4	0.000	0.000	0.000		0.000	0.000	0.000	0.000		0.005
	r_5	0.000	0.000	0.000	0.000		0.000	0.000	0.000	0.005	

表 6-3 中列示的是非国有上市公司和国有上市公司样本的效率评价指标之间的相关性分析结果。表 6-3 的结果显示，各评价指标两两之间的相关系数均小于 0.5，所以可以说明非国有上市公司和国有上市公司样本的效率评价指标之间并不存在多重共线性问题。

③提取主成分

表 6-4 至表 6-7 中分别列示了非国有上市公司和国有上市公司的公平性和效率评价的主成分的统计信息，具体包括各成分的特征根、贡献率及累积贡献率。

表 6-3　**相关矩阵（效率）**

项目		非国有上市公司					国有上市公司				
		CTF	POAM	FER	ROIC	SGR	CTF	POAM	FER	ROIC	SGR
相关系数	CTF	1.000	0.057	-0.042	0.141	0.148	1.000	0.020	-0.006	0.031	0.026
	POAM	0.057	1.000	0.364	0.445	0.204	0.020	1.000	0.176	0.448	0.158
	FER	-0.042	0.364	1.000	0.015	-0.042	-0.006	0.176	1.000	-0.170	-0.126
	ROIC	0.141	0.445	0.015	1.000	0.392	0.031	0.448	-0.170	1.000	0.430
	SGR	0.148	0.204	-0.042	0.392	1.000	0.026	0.158	-0.126	0.430	1.000
Sig.（1-tailed）	CTF		0.055	0.120	0.000	0.000		0.170	0.380	0.067	0.099
	POAM	0.055		0.000	0.000	0.000	0.170		0.000	0.000	0.000
	FER	0.120	0.000		0.334	0.115	0.380	0.000		0.000	0.000
	ROIC	0.000	0.000	0.334		0.000	0.067	0.000	0.000		0.000
	SGR	0.000	0.000	0.115	0.000		0.099	0.000	0.000	0.000	

表 6-4 为非国有上市公司的公平性评价的总方差解释表，第一主成分的特征根为 1.562，解释了总变异的程度到达 31.249%；第二主成分的特征根为 1.234，解释了总变异的程度到达 24.679%；第三主成分的特征根为 1.206，解释了总变异的程度到达 24.118%；第四主成分的特征根为 0.968，解释了总变异的程度到达 19.353%；第五主成分的特征根为 0.030，解释了总变异的程度到达 0.602%。经过分析可以发现，前三个主成分的特征根均大于 1，而累积贡献率为 80.045%。同时，虽然第四主成分的特征根为 0.968，也接近 1，解释了总变异的程度到达 19.353%，但是为了保证研究结果的科学性，本书未提取第四主成分。最终，本书提取前三个主成分。

表 6-4　　　　非国有上市公司公平性评价的总方差解释表

成分	初始特征根			因子提取结果		
	特征根	解释方差占总方差的百分比（%）	累计百分比（%）	特征根	解释方差占总方差的百分比（%）	累计百分比（%）
1	1.562	31.249	31.249	1.562	31.249	31.249
2	1.234	24.679	55.927	1.234	24.679	55.927
3	1.206	24.118	80.045	1.206	24.118	80.045
4	0.968	19.353	99.398			
5	0.030	0.602	100.000			

表 6-5 为非国有上市公司的效率评价的总方差解释表，第一主成分的特征根为 2.061，解释了总变异的程度到达 41.222%；第二主成分的特征根为 1.457，解释了总变异的程度到达 29.138%；第三主成分的特征根为 0.938，解释了总变异的程度到达 18.752%；第四主成分的特征根为 0.370，解释了总变异的程度到达 7.406%；第五主成分的特征根为 0.174，解释了总变异的程度到达 3.481%。经过分析可以发现，前两个主成分的特征根均大于 1，而累积贡献率为 70.360%。同时，虽然第三主成分的特征根为 0.938，也接近 1，解释了总变异的程度到达 18.752%，但是为了保证研究结果的科学性，本书未提取第三主成分。最终，本书提取前两个主成分。

表 6-5　　　　非国有上市公司效率评价的总方差解释表

成分	初始特征根			因子提取结果		
	特征根	解释方差占总方差的百分比（%）	累计百分比（%）	特征根	解释方差占总方差的百分比（%）	累计百分比（%）
1	2.061	41.222	41.222	2.061	41.222	41.222
2	1.457	29.138	70.360	1.457	29.138	70.360
3	0.938	18.752	89.113			
4	0.370	7.406	96.519			
5	0.174	3.481	100.000			

表 6-6 为国有上市公司的公平性评价的总方差解释表，第一主成分的特征根为 1.654，解释了总变异的程度到达 33.083%；第二主成分的特征根为 1.240，解释了总变异的程度到达 24.810%；第三主成分的特征根为 1.074，解释了总变异的程度到达 21.488%；第四主成分的特征根为 1.023，解释了总变异的程度到达 20.454%；第五主成分的特征根为 0.006，解释了总变异的程度到达 0.166%。经过分析可以发现，前四个主成分的特征根均大于 1，而累积贡献率为 99.834%。最终，本书提取前四个主成分。

表 6-6　　　　**国有上市公司公平性评价的总方差解释表**

成分	初始特征根			因子提取结果		
	特征根	解释方差占总方差的百分比（%）	累计百分比（%）	特征根	解释方差占总方差的百分比（%）	累计百分比（%）
1	1.654	33.083	33.083	1.654	33.083	33.083
2	1.240	24.810	57.893	1.240	24.810	57.893
3	1.074	21.488	79.380	1.074	21.488	79.380
4	1.023	20.454	99.834	1.023	20.454	99.834
5	0.006	0.166	100.000			

表 6-7 为国有上市公司的效率评价的总方差解释表，第一主成分的特征根为 1.869，解释了总变异的程度到达 37.383%；第二主成分的特征根为 1.164，解释了总变异的程度到达 23.285%；第三主成分的特征根为 0.998，解释了总变异的程度到达 19.952%；第四主成分的特征根为 0.693，解释了总变异的程度到达 13.862%；第五主成分的特征根为 0.276，解释了总变异的程度到达 5.517%。我们发现，前两个主成分的特征根均大于 1，而累积贡献率为 60.669%。虽然第三主成分的特征根为 0.998，解释了总变异的程度到达 19.952%，但是为了保证研究结果的科学性，本书提取前两个主成分。

表 6-7 **国有上市公司效率评价的总方差解释表**

成分	初始特征根			因子提取结果		
	特征根	解释方差占总方差的百分比（%）	累计百分比（%）	特征根	解释方差占总方差的百分比（%）	累计百分比（%）
1	1.869	37.383	37.383	1.869	37.383	37.383
2	1.164	23.285	60.669	1.164	23.285	60.669
3	0.998	19.952	80.621			
4	0.693	13.862	94.483			
5	0.276	5.517	100.000			

表 6-8 和表 6-9 为旋转后的因子载荷矩阵。因子载荷矩阵的因子载荷反映了各个变量在公共因子上的相对重要性，为了保证各主成分之间的信息能够充分表达，剔除不同主成分信息中的重叠数据，本书对因子载荷矩阵进行了正交旋转，最终得到了正交旋转后的因子载荷矩阵。其中，各载荷值表示不同主成分与对应变量的相关系数。

表 6-8 为非国有上市公司和国有上市公司的公平性评价的旋转后因子载荷矩阵。从表 6-8 可以发现，非国有上市公司公平性的第一个主成分与 r_2、r_5 的相关性较强，相关系数分别为 0.862、-0.790；第二个主成分与 r_3、r_4、r_5 的相关性较强，相关系数分别为 -0.509、0.762、-0.500；第三个主成分与 r_1 的相关性较强，相关系数为 0.863。国有上市公司公平性的第一个主成分与 r_2、r_4、r_5 的相关性较强，相关系数分别为-0.852、0.585、0.709；第二个主成分与 r_1 的相关性较强，相关系数为 0.951；第三个主成分与 r_3 的相关性较强，相关系数为 0.810；第四个主成分与 r_3、r_4 的相关性较强，相关系数分别为 0.509、-0.685。

表 6-8 旋转后的因子载荷矩阵（公平）

指标	主成分（非国有）			主成分（国有）			
	1	2	3	1	2	3	4
r_1	-0.216	0.382	0.863	-0.041	0.951	-0.288	0.100
r_2	0.862	-0.024	-0.277	-0.852	-0.392	-0.225	-0.260
r_3	0.359	-0.509	0.345	-0.287	0.047	0.810	0.509
r_4	-0.141	0.762	-0.413	0.585	0.034	0.431	-0.685
r_5	-0.790	-0.500	-0.308	0.709	-0.424	-0.315	0.465

表 6-9 为非国有上市公司和国有上市公司的效率评价的旋转后因子载荷矩阵。从表 6-9 可以发现，非国有上市公司效率的第一个主成分与 ROIC 的相关性较强，相关系数为 0.400；第二个主成分与 FER 的相关性较强，相关系数为 0.554。国有上市公司效率的第一个主成分与 POAM、ROIC、SGR 的相关性较强，相关系数分别为 0.586、0.920、0.801；第二个主成分与 POAM、FER 的相关性较强，相关系数分别为 0.614、0.860。

表 6-9 旋转后的因子载荷矩阵（效率）

指标	主成分（非国有）		主成分（国有）	
	1	2	1	2
CTF	0.112	-0.211	0.071	-0.001
POAM	0.381	0.350	0.586	0.614
FER	0.226	0.554	-0.178	0.860
ROIC	0.400	-0.270	0.920	-0.037
SGR	0.341	-0.372	0.801	-0.214

④计算主成分得分

表 6-10 为公平的主成分得分系数矩阵，根据主成分得分系数矩阵

以及变量的观测值可以计算各主成分的得分。

表 6-10　　**主成分得分系数矩阵（公平）**

指标	主成分（非国有）			主成分（国有）			
	1	2	3	1	2	3	4
r_1	-0.138	0.309	0.716	-0.025	0.766	-0.268	0.098
r_2	0.551	-0.020	-0.230	-0.515	-0.316	-0.210	-0.254
r_3	0.230	-0.413	0.286	-0.174	0.038	0.754	0.497
r_4	-0.090	0.617	-0.342	0.354	0.027	0.401	-0.670
r_5	-0.506	-0.404	-0.256	0.428	-0.342	-0.293	0.455

表 6-11 为效率的主成分得分系数矩阵，根据主成分得分系数矩阵以及变量的观测值可以计算各主成分的得分。

表 6-11　　**主成分得分系数矩阵（效率）**

指标	主成分（非国有）		主成分（国有）	
	1	2	1	2
CTF	0.112	-0.211	0.038	-0.001
POAM	0.381	0.350	0.313	0.527
FER	0.226	0.554	-0.095	0.739
ROIC	0.400	-0.270	0.492	-0.032
SGR	0.341	-0.372	0.429	-0.184

根据主成分得分系数矩阵以及变量的观测值可以计算各主成分的得分。假设用 F_n 表示主成分得分，用 X_m 代表衡量公平和效率的指标，用 Y_{nm} 表示主成分得分系数，则各主成分得分可以用公式表示为：

$$F_n = \sum X_m \cdot Y_{nm} \tag{6.1}$$

其中，非国有上市公司的公平评价 3 个主成分表达式为：

$$\begin{aligned} F_1 &= -0.138 \times r_1 + 0.551 \times r_2 + 0.230 \times r_3 - 0.090 \times r_4 - 0.506 \times r_5 \\ F_2 &= 0.309 \times r_1 - 0.020 \times r_2 - 0.413 \times r_3 + 0.617 \times r_4 - 0.404 \times r_5 \\ F_3 &= 0.716 \times r_1 - 0.230 \times r_2 + 0.286 \times r_3 - 0.342 \times r_4 - 0.256 \times r_5 \end{aligned} \tag{6.2}$$

非国有上市公司的效率评价 2 个主成分表达式为:

$$\begin{aligned} F_1 &= 0.112 \times CTF + 0.381 \times POAM + 0.226 \times FER + 0.400 \times ROIC + 0.341 \times SGR \\ F_2 &= -0.211 \times CTF + 0.350 \times POAM + 0.554 \times FER - 0.270 \times ROIC - 0.372 \times SGR \end{aligned} \tag{6.3}$$

国有上市公司的公平评价 4 个主成分表达式为:

$$\begin{aligned} F_1 &= -0.025 \times r_1 - 0.515 \times r_2 - 0.174 \times r_3 + 0.354 \times r_4 + 0.428 \times r_5 \\ F_2 &= 0.766 \times r_1 - 0.316 \times r_2 + 0.038 \times r_3 + 0.027 \times r_4 - 0.342 \times r_5 \\ F_3 &= -0.268 \times r_1 - 0.210 \times r_2 + 0.754 \times r_3 + 0.401 \times r_4 - 0.293 \times r_5 \\ F_4 &= 0.098 \times r_1 - 0.254 \times r_2 + 0.497 \times r_3 - 0.670 \times r_4 + 0.455 \times r_5 \end{aligned} \tag{6.4}$$

国有上市公司的效率评价 2 个主成分表达式为:

$$\begin{aligned} F_1 &= 0.038 \times CTF + 0.313 \times POAM - 0.095 \times FER + 0.492 \times ROIC + 0.429 \times SGR \\ F_2 &= -0.001 \times CTF + 0.527 \times POAM + 0.739 \times FER - 0.032 \times ROIC - 0.184 \times SGR \end{aligned} \tag{6.5}$$

⑤综合评价

为了能够实现对公平和效率的综合评价，本书以计算得到的各主成分对应的方差贡献率作为权数，结合根据公式（6.2）、（6.3）、（6.4）和（6.5）得到的各主成分得分，分别构建企业公平性（FAI）和效率（EFF）的综合评价模型，具体如下:

非国有上市公司的公平性综合评价模型:

$$FAI = \frac{\lambda_1}{\lambda_1 + \lambda_2 + \lambda_3} \times F_1 + \frac{\lambda_2}{\lambda_1 + \lambda_2 + \lambda_3} \times F_2 + \frac{\lambda_3}{\lambda_1 + \lambda_2 + \lambda_3} \times F_3 \tag{6.6}$$

$$FAI = 0.391 \times F_1 + 0.308 \times F_2 + 0.301 \times F_3 \tag{6.7}$$

非国有上市公司的效率综合评价模型:

$$EFF = \frac{\lambda_1}{\lambda_1 + \lambda_2} \times F_1 + \frac{\lambda_2}{\lambda_1 + \lambda_2} \times F_2 \tag{6.8}$$

$$EFF = 0.586 \times F_1 + 0.414 \times F_2 \tag{6.9}$$

国有上市公司的公平性综合评价模型:

$$FAI = \frac{\lambda_1}{\lambda_1 + \lambda_2 + \lambda_3 + \lambda_4} \times F_1 + \frac{\lambda_2}{\lambda_1 + \lambda_2 + \lambda_3 + \lambda_4} \times F_2 + \frac{\lambda_3}{\lambda_1 + \lambda_2 + \lambda_3 + \lambda_4} \times F_3 + \frac{\lambda_4}{\lambda_1 + \lambda_2 + \lambda_3 + \lambda_4} \times F_4 \tag{6.10}$$

$$FAI = 0.331 \times F_1 + 0.249 \times F_2 + 0.215 \times F_3 + 0.205 \times F_4 \tag{6.11}$$

国有上市公司的效率综合评价模型:

$$\mathrm{EFF}=\frac{\lambda_1}{\lambda_1+\lambda_2}\times F_1+\frac{\lambda_2}{\lambda_1+\lambda_2}\times F_2 \tag{6.12}$$

$$\mathrm{EFF}=0.616\times F_1+0.384\times F_2 \tag{6.13}$$

（3）控制变量

本章控制了企业盈利能力（ROA）、负债状况（LEV）和资产规模（SIZE）对增值额分配比率的影响。其中，盈利能力（ROA）采用的是资产收益率，即息税前净利润（EBIT）与总资产的比值。负债状况（LEV）采用的是资产负债率，即总负债与总资产的比值。资产规模（SIZE）采用的是企业总资产的自然对数。

同时，考虑到不同年度的宏观经济环境与不同行业特性的差异，为了控制这些差异对研究结果的影响，本书加入了年度虚拟变量（Year）和行业虚拟变量（Industry）。其中，年度虚拟变量（Year）设置 6 个，行业虚拟变量设置 11 个。

具体变量定义如下（见表 6-12）：

表 6-12　**变量定义**

变量类型	变量名称	变量符号	变量计算与说明
被解释变量	增值额分配	VA	主要包括政府报酬率、员工报酬率、债权人报酬率、股东报酬率、企业留存率
	政府报酬率	RG	税收/增值额
	员工报酬率	RE	工资和薪水/增值额
	债权人报酬率	RD	利息/增值额
	股东报酬率	RS	股利/增值额
	企业留存率	NAP	留存收益/增值额
解释变量	公平	FAI	主成分分析法对公平评价的结果
	效率	EFF	主成分分析法对效率评价的结果
	兼顾公平和效率	FAI×EFF	FAI与EFF的乘积项
	盈利能力	ROA	资产收益率
	负债状况	LEV	资产负债率
	资产规模	SIZE	总资产的自然对数
虚拟变量	年度	Year	6个年度虚拟变量
	行业	Industry	11个行业虚拟变量

6.2.3 模型设定

为了检验增值额分配与公平和效率的关系，综合考虑上述变量定义的内容，本章分别构建了 3 个回归模型进行计量。

模型（6.14）主要是考察增值额分配与公平的关系，VA 主要包括政府报酬率（RG）、员工报酬率（RE）、债权人报酬率（RD）、股东报酬率（RS）、企业留存率（NAP），分别作为模型（6.14）回归时的因变量。

$$VA_{it} = \alpha_0 + \alpha_1 FAI_{it} + \alpha_2 ROA_{it} + \alpha_3 Lev_{it} + \alpha_4 Size_{it} + \alpha_5 Year_{it} + \alpha_6 Industry_{it} + \varepsilon_{it} \quad (6.14)$$

模型（6.15）主要是考察增值额分配与效率的关系。

$$VA_{it} = \alpha_0 + \alpha_1 EFF_{it} + \alpha_2 ROA_{it} + \alpha_3 Lev_{it} + \alpha_4 Size_{it} + \alpha_5 Year_{it} + \alpha_6 Industry_{it} + \varepsilon_{it} \quad (6.15)$$

模型（6.16）主要是考察兼顾公平和效率时增值额分配关系。如果 FAI×EFF 的回归系数显著为正时，这说明模型的因变量（5 种增值额分配比率之一）的增加可以同时推动分配的公平和效率提升。而当 FAI×EFF 的回归系数显著为负时，则说明该增值额分配比率的提高，会同时降低分配的公平和效率。FAI×EFF 的回归系数不显著时，则无法说明该增值额分配比率对分配公平和效率的影响。

$$VA_{it} = \alpha_0 + \alpha_1 (FAI \times EFF_{it}) + \alpha_2 ROA_{it} + \alpha_3 Lev_{it} + \alpha_4 Size_{it} + \alpha_5 Year_{it} + \alpha_6 Industry_{it} + \varepsilon_{it} \quad (6.16)$$

6.2.4 研究假设

从马克思政治经济学的视角来看，生产资料、人力资本、劳动等生产要素均可以参加企业的增值额分配。因为这些生产要素在企业的生产过程中发挥了不可替代的作用，为企业创造价值做出巨大的贡献，所以有权参与增值额分配。股东、债权人、员工、政府等生产要素的供应者构成了增值额分配的利益相关者主体，如果从微观角度上考虑财富分配，主要从政府、员工、债权人、股东和企业留存等几大利益主体之间分配的效率和效果进行研究。由于政府、员工、债权人、股东和企业留存之间存在着不同的权力和利益的需求，在这些利益主体之间进行增值额分配时难免存在利益冲突的问题。具体可以表述为“公利益”与“私利益”之间的冲突，我们可以将政府作为“公利益”的代表，而将员工、债权人、股东和企业留存作为“私利益”的代表。

从契约经济学来看，政府和企业之间存在着一个契约，即政府提供法律、环境、社会保障、治安等公共产品，而作为回报企业需要向政府纳税，以此作为政府提供公共产品的报酬。税收是国家提供社会公共产品和维护公共权益的主要经济基础，从根本上而言可以为社会所有个体提供基础保障。但是“公利益”和“私利益”存在着利益冲突，有着此消彼长的关系。遵循西方税收理论的解释，税收公平主要是指国家征税要与纳税人的经济状况相适应，主要需要解决政府和纳税人之间“公平分配”的问题。作为社会主义国家，我国的税收是国家筹集社会主义现代化建设的工具，主要体现了“取之于民、用之于民”的社会主义分配关系。我国税收的用途主要是为广大的劳动人民的利益服务，发展科教文卫，提高人民的生活水平，这充分体现了我国政府收取税收是以促进公平性为出发点的。同时，国家还可以将企业上缴的税收用于基础设施建设、法制建设、公共安全建设和资本市场建设等，这又为企业的持续发展提供了有利的外在环境，有利于企业的生产经营活动，从这个角度来讲政府收取税收又具有提升企业经营效率的作用。由于公共产品的收益对象既可以是国有企业，又可以是非国有企业，所以政府收取税收体现兼顾公平和效率的原则。由此，本书提出研究假设 1。

假设 1：非国有企业和国有企业在进行增值额分配时，政府报酬率（RG）的提高可以兼顾公平和效率。

市场经济改革形成了我国特有的“双轨制”经济格局，在“双轨制”经济格局下，非国有企业和国有企业不同的经营目标、管理体制和外部环境对员工的报酬产生了重大的影响。邢春冰（2005）指出，不同所有制企业的工资决定机制是不一样的，非国有企业的工资决定机制与其他部门有着较大的差异。随着市场经济的发展，在非国有企业中劳动关系发生巨大变化，员工开始拥有一定的剩余收益权。威茨曼（1984）在《分享经济学》中提出了分享经济学理论，收益分享制度指的是员工和投资者共同分享收益。王化成（2001）从我国社会主义初级阶段的国情出发，对各种资本进行划分，并认为从理论上讲劳动创造了剩余价值，必须参加剩余收益的分配。因此，在非国有企业中实行收益分享能够促进劳资关系改善以及机会主义行为的降低、提高契约的完善性、有力地促进自我强制能力的提高。也就是说，在非国有企业中员工报酬率（RE）的增加是有利于体现公平和效率的。而在国有企业，员工对公司的索取往往包括工资和奖金。工资的支付一般在短期内是相对固定的，其工资的支付与企业的经营绩效无关。国有企业的员工获取增值额的方式存在一定的缺点：第一，固定工资的支付使得员工承担的风险变小，企业无论业绩好坏均要支付相应的固定工资，增加了企业的风险；第二，固定工资的支付不利于调动员工的积极性；第三，固定工资的支付使得员工与企业仅仅是雇佣关系及金钱交易的关系，缺乏对员工的人性化关怀。而且现阶段，国有企业员工报酬率随着我国市场化程度的加深有着较大的提高（Meng，2000）。陆正飞（2012）指出国有企业的员工报酬显著高于非国有企业的员工报酬，这可能是由于国有企业能获取更多的经济资源和垄断利润造成的，也可能是由于内部人控制造成的。但是这种高报酬并未体现公平和效率，一方面，国有企业的高薪酬的报道引发了社会大众的广泛争议，例如，一汽大众年终奖发 27 个月工资并不能体现出分配的公平性原则；另一方面，国有企业效率低下已经广为人们所斥责，较高的工资支付水平并未实际提升企业经营效率。所以，国有企业的员工报酬率（RE）的增加并不有利于体现公平和效率。由此，本书提出研究假设 2。

假设 2a：非国有企业在进行增值额分配时，员工报酬率（RE）的提高可以兼顾公平和效率。

假设 2b：国有企业在进行增值额分配时，员工报酬率（RE）的提高并不能兼顾公平和效率。

王化成（2000）认为股东单边治理模式下，债权人虽作为资金提供者之一，但债权人提供的资金依附于股东提供的资金而存在，从法律上讲债权人仅仅是资金的贷出者，因其偿还性优于股东，因此被认为其不应享有剩余收益，企业仅应按固定利率给予债权人以补偿，利息支出以企业成本的形式存在。在传统的股东单边治理模式下，债权人的权利包括固定收益索取权、收回本金权、间接监督权、处置抵押资产权等四个方面。而王化成（2000）认为现阶段非国有企业和国有企业大多采用共同治理模式，债权人参与企业治理，不仅仅通过合约限制企业做出损害自身的利益的行为，而且其参与企业经济决策和监督。这时企业债权人不仅可以获取固定利益的债务利息收入，同时还可以通过参加企业的经营决策来获取增值额的分配，这有利于激发债权人的积极性，使得债权人有动力来参与企业的管理，推动企业发展。因为企业债权人收取资金投入报酬的同时，可以通过提高企业的运行效率来获取增值额的分配，有利于体现分配的公平和效率，由此，本书提出研究假设3。

假设3：非国有企业和国有企业在进行增值额分配时，债权人报酬率（RD）的提高可以兼顾公平和效率。

目前大多数企业遵循“股东利益最大化”的经营理念，认为公司治理应当将股东作为核心，公司是股东的组织，公司的一切经营决策应当围绕股东展开。Milgorm 和 Roberts（1992）以及 Donaldson 和 Preston（1995）认为企业最重要的是企业的所有权，企业的所有者应当享受剩余收益权和剩余控制权，其他利益相关者则应当根据市场价格获得自身的收益。股东才是企业的所有者，他们才是真正的风险承担者，在进行企业财富分配时，应当将除股东之外的利益相关者获取的收益作为企业的成本考虑，其发放的多少完全建立在“股东利益最大化”的基础上。从博弈论角度来看，股东、债权人、拥有人力资本的员工以及其他利益相关者博弈的最终结果，必然是依附于股东资本获得收益，最终股东占据所有剩余，其他的利益相关者只能享受固定的市场收益。股东凭借自己在企业的出资额享有企业增值额，这符合投入与回报配比原则，能够体现分配的公平性。而股东在企业的日常管理中发挥着重大的作用，提高股东报酬率可以有效地提升股东的积极性，有利于提高企业的经营效率。由此，本书提出研究假设4。

假设4：非国有企业和国有企业在进行增值额分配时，股东报酬率（RS）的提高可以兼顾公平和效率。

留存收益指企业从历年实现的利润中提取或留存于企业的内部积累，其来源于企业生产经营活动所实现的净利润，包括企业的盈余公积和未分配利润两部分，其中盈余公积是有特定用途的累积盈余，未分配利润是没有指定用途的累积盈余。企业留存收益是增值额对利益相关者分配后的剩余额，是利益相关者共同决策的结果。因此，此时的留存收益不是单单从股东角度考虑的留存，而是综合考虑利益相关者的情况下为实现利益相关者价值最大化，协调利益相关者利益后做出的综合决策。非国有企业的留存率提高更多体现效率而非公平，因为企业留存过多意味着国家、债权人和股东的增值额分配较少，不能真正地体现出分配的公平性，所以，非国有企业的企业留存率（NAP）提高并不能体现分配的公平和效率。汪平和李光贵（2009）通过实证研究发现，适度的留存收益有利于国有企业的价值创造，分红时应注重企业可持续发展，提高留存收益再投资收益水平。这说明留存收益有利于国有企业价值的提高，充分体现增值额分配的效率。企业留存率体现增值额分配的公平性，因为国有企业留存收益增多有利于减少国家财政补贴，实现企业自负盈亏，减轻国家负担，所以国有企业留存率提高可有效体现分配的公平性，所以，国有企业留存率（NAP）提高体现分配的公平和效率。由此，本书提出研究假设 5。

假设 5a：非国有企业在进行增值额分配时，企业留存率（NAP）的提高并不能兼顾公平和效率。

假设 5b：国有企业在进行增值额分配时，企业留存率（NAP）的提高可以兼顾公平和效率。

6.3 非国有上市公司的实证研究结果与分析

6.3.1 描述性统计

表 6-13 为 800 个非国有上市公司观察样本描述性统计结果。从表中我们可以发现，增值额分配比率的差异较大。例如，政府报酬率（RG）的平均值为 0.293，最大值为 0.694，而最小值仅为 0.020。分配公平（FAI）的平均值为 0.132，最大值为 0.786，而最小值却为-1.275，这说明上市公司分配公平性的差距较大。分配效率（EFF）的平均值为 0.072，最大值为 3.376，而最小值仅为-0.011，这说明上市公司分配效率的差异较大。

表 6-13　　　　　　　　**变量的描述性统计**

变量	平均值	中位数	标准差	最小值	最大值
RG	0.293	0.287	0.109	0.020	0.694
RE	0.268	0.261	0.135t	0.014	0.708
RD	0.107	0.086	0.084	0.000	0.531
RS	0.117	0.097	0.097	0.000	0.785
NAP	0.215	0.191	0.139	0.000	0.897
FAI	0.132	0.183	0.324	-1.275	0.786
EFF	0.072	0.051	0.137	-0.011	3.376
FAI×EFF	-0.006	0.006	0.150	-3.884	0.138
ROA	0.058	0.048	0.100	-0.367	0.416
LEV	0.513	0.509	0.215	0.077	0.936
SIZE	21.577	21.513	0.815	19.425	23.494

6.3.2 相关性检验

表 6-14 列示了非国有上市公司观察样本的 Pearson 相关系数矩阵。经过分析可以发现，政府报酬率（RG）、员工报酬率（RE）、债权人报酬率（RD）、股东报酬率（RS）均与分配公平（FAI）呈显著正相关关系，而企业留存率（NAP）则与分配公平（FAI）呈显著负相关关系；股东报酬率（RS）、企业留存率（NAP）与分配效率（EFF）呈显著正相关关系，而政府报酬率（RG）、员工报酬率（RE）、债权人报酬率（RD）则与分配效率（EFF）呈显著负相关关系；政府报酬率（RG）、员工报酬率（RE）、债权人报酬率（RD）与公平效率（FAI×EFF）呈显著正相关关系，而企业留存率（NAP）与公平效率（FAI×EFF）呈显著负相关关系，股东报酬率（RS）与公平效率（FAI×EFF）关系不显著。由于相关性检验并不能够准确地反映变量之间的关系，仅作为一种检验变量间是否存在多重共线性的工具，所以仍需要进一步进

表 6-14 变量的 Pearson 相关性分析

变量	RG	RE	RD	RS	NAP	FAI	EFF	FAI×EFF	ROA	LEV	SIZE
RG	1.000										
RE	-0.343***	1.000									
RD	-0.137***	-0.061*	1.000								
RS	-0.157***	-0.226***	-0.244***	1.000							
NAP	-0.259***	-0.509***	-0.268***	-0.203***	1.000						
FAI	0.351***	0.441***	0.210***	0.131***	-0.921***	1.000					
EFF	-0.134***	-0.255***	-0.086**	0.018	0.392***	-0.352***	1.000				
FAI×EFF	0.180***	0.148***	0.058*	0.066	-0.366***	0.361***	-0.424***	1.000			
ROA	0.000	0.052	0.032	-0.030	-0.049	-0.008	-0.040	0.009	1.000		
LEV	-0.042	-0.004	0.046	-0.012	0.017	0.029	-0.047	0.062	-0.387***	1.000	
SIZE	-0.032	-0.109***	0.013	0.072**	0.073**	-0.014	0.045	-0.010	-0.034	0.079**	1.000

注：***、**、*分别表示 0.01、0.05、0.1 的显著性水平，双尾检验。

行回归分析来探索增值额分配与公平、效率的关系。

同时，表 6-14 中各变量之间的 Pearson 相关系数绝对值的最大值为 0.509，远小于 0.8 的经验标准。根据多重共线性判别的原则，可以说明本书的变量之间并不存在多重共线性问题。

表 6-15 列示了非国有上市公司观察样本的 Spearman 相关系数矩阵。经过与表 6-14 的 Pearson 相关系数矩阵比较发现，变量之间的相关基本一致。各变量之间的 Spearman 相关系数绝对值的最大值为 0.549，远小于 0.8 的经验标准。这进一步验证了本书的模型不存在多重共线性问题。

6.3.3 回归分析

表 6-16 显示了模型（6.14）对非国有上市公司观察样本的回归分析结果。表中的结果显示，5 个增值额分配比率回归结果的 F 统计量分别为 13.211、24.809、4.753、5.997 和 1 126.114，并且均在 0.01 的水平上显著，这可以说明本书的检验模型（6.14）总体设定是有效的，且总体上通过了显著性检验。

表 6-16 中的第一列结果表明，政府报酬率（RG）与增值额分配的公平性（FAI）的回归系数为 0.130，且在 0.01 的水平上显著相关，这表明非国有上市公司的分配越公平时，政府报酬率（RG）越高。第二列结果显示，员工报酬率（RE）与增值额分配的公平性（FAI）的回归系数为 0.163，且在 0.01 的水平上显著相关，这表明非国有上市公司的分配越公平时，企业的员工报酬率（RE）越高。第三列结果显示，债权人报酬率（RD）与增值额分配的公平性（FAI）的回归系数为 0.065，且在 0.01 的水平上显著相关，这表明非国有上市公司的分配越公平时，债权人报酬率（RD）越高。第四列结果显示，股东报酬率（RS）与增值额分配的公平性（FAI）的回归系数为 0.058，且在 0.01 的水平上显著相关，这表明非国有上市公司的分配越公平时，股东报酬率（RS）越高。第五列结果显示，企业留存率（NAP）与增值额分配的公平性（FAI）的回归系数为-0.417，且在 0.01 的水平上显著相关，这表明非国有上市公司的分配越公平时，企业留存率（NAP）越低。

表 6-15 变量的 Spearman 相关性分析

变量	RG	RE	RD	RS	NAP	FAI	EFF	FAI×EFF	ROA	LEV	SIZE
RG	1.000										
RE	-0.324***	1.000									
RD	-0.102***	0.000	1.000								
RS	-0.115***	-0.161***	-0.262***	1.000							
NAP	-0.196***	-0.495***	-0.274***	-0.171***	1.000						
FAI	0.320***	0.419***	0.218***	0.112***	-0.119***	1.000					
EFF	-0.145***	-0.429***	-0.198***	0.135***	0.499***	-0.466***	1.000				
FAI×EFF	0.234***	0.320***	0.156***	0.206***	-0.549***	0.542***	-0.121***	1.000			
ROA	-0.002	0.060*	0.042	-0.017	-0.083**	0.006	-0.078**	-0.023	1.000		
LEV	-0.028	-0.007	0.052	-0.010	0.041	0.009	0.027	0.038	-0.326***	1.000	
SIZE	-0.010	-0.105***	0.054	0.144***	0.052	0.004	0.098***	0.015	-0.014	0.078**	1.000

注：***、**、*分别表示 0.01、0.05、0.1 的显著性水平，双尾检验。

表 6-16　　　　**模型（6.14）的回归结果**

变量	RG	RE	RD	RS	NAP
Constant	0.350***	0.449***	0.033	-0.152	0.319***
	(3.560)	(4.079)	(0.404)	(-1.618)	(12.031)
FAI	0.130***	0.163***	0.065***	0.058***	-0.417***
	(11.971)	(13.355)	(7.097)	(5.627)	(-143.780)
ROA	-0.065*	0.072*	0.025	-0.029	-0.004
	(-1.650)	(1.645)	(0.759)	(-0.764)	(-0.327)
LEV	-0.028*	0.019	0.022	-0.011	-0.002
	(-1.749)	(0.974)	(1.525)	(-0.687)	(-0.489)
SIZE	-0.005*	-0.009**	0.003	0.011***	0.001
	(-1.863)	(-1.993)	(0.740)	(2.662)	(0.526)
年度/行业虚拟变量	控制	控制	控制	控制	控制
F	13.211***	24.809***	4.753***	5.997***	1 126.114***
Adj-R^2	0.233	0.373	0.086	0.111	0.966
N	800	800	800	800	800

注：***、**、*分别表示 0.01、0.05、0.1 的显著性水平；括号内的数字为 t 值，双尾检验。

表 6-17 显示了模型（6.15）对非国有上市公司观察样本的回归分析结果。表中的结果显示，5 个增值额分配比率回归结果的 F 统计量分别为 6.297、14.752、2.276、4.335 和 11.114，并且均在 0.01 的水平上显著，这可以说明本书的检验模型（6.15）总体设定是有效的，且总体上通过了显著性检验。

表 6-17 中的第一列结果表明，政府报酬率（RG）与增值额分配的

效率（EFF）的回归系数为-0.127，且在0.01的水平上显著相关，这表明非国有上市公司的分配越有效率时，政府报酬率（RG）越低。第二列结果显示，员工报酬率（RE）与增值额分配的效率（EFF）的回归系数为-0.164，且在0.01的水平上显著相关，这表明非国有上市公司的分配越有效率时，企业的员工报酬率（RE）越低。第三列结果显示，债权人报酬率（RD）与增值额分配的效率（EFF）的回归系数为-0.041，且在0.1的水平上显著相关，这表明非国有上市公司的分配越有效率时，债权人报酬率（RD）越低。而第四列结果显示，股东报酬率（RS）与增值额分配的效率（EFF）的关系并不显著，t值仅为-1.300。第五列结果显示，企业留存率（NAP）与增值额分配的效率（EFF）的回归系数为0.364，且在0.01的水平上显著相关，这表明非国有上市公司的分配越有效率时，企业留存率（NAP）越高。

表6-17　　**模型（6.15）的回归结果**

变量	RG	RE	RD	RS	NAP
Constant	0.417***	0.533***	0.066	-0.122	0.107
	(3.956)	(4.450)	(0.775)	(-1.286)	(0.834)
EFF	-0.127***	-0.164***	-0.041*	-0.032	0.364***
	(-4.587)	(-5.230)	(-1.833)	(-1.300)	(10.875)
ROA	-0.063	0.075	0.028	-0.026	-0.014
	(-1.473)	(1.536)	(0.815)	(-0.679)	(-0.264)
LEV	-0.029	0.017	0.023	-0.011	-0.001
	(-1.531)	(0.818)	(1.521)	(-0.625)	(-0.052)
SIZE	-0.007	-0.011**	0.002	0.011**	0.005
	(-1.385)	(-2.044)	(0.598)	(2.458)	(0.874)
年度/行业虚拟变量	控制	控制	控制	控制	控制
F	6.297***	14.752***	2.276***	4.335***	11.114***
Adj-R^2	0.117	0.256	0.031	0.077	0.202
N	800	800	800	800	800

注：***、**、*分别表示0.01、0.05、0.1的显著性水平；括号内的数字为t值，双尾检验。

表 6-18 显示了模型（6.16）对非国有上市公司观察样本的回归分析结果，具体考察了兼顾公平和效率时增值额如何分配。表中的结果显示，5 个增值额分配比率回归结果的 F 统计量分别为 7.208、13.495、2.187、4.750 和 11.076，并且均在 0.01 的水平上显著，这可以说明本书的检验模型（6.16）总体设定是有效的，且总体上通过了显著性检验。

表 6-18　　　　**模型（6.16）的回归结果**

变量	RG	RE	RD	RS	NAP
Constant	0.405***	0.523***	0.063	-0.127	0.136
	(3.884)	(4.312)	(0.742)	(-1.337)	(1.061)
FAI×EFF	0.148***	0.082***	0.026*	0.067***	-0.323***
	(6.095)	(2.912)	(1.596)	(3.028)	(-10.843)
ROA	-0.061	0.083*	0.030	-0.027	-0.025
	(-1.435)	(1.681)	(0.865)	(-0.701)	(-0.481)
LEV	-0.030*	0.022	0.024	-0.012	-0.003
	(-1.638)	(1.000)	(1.569)	(-0.740)	(-0.126)
SIZE	-0.006	-0.011**	0.002	0.011**	0.005
	(-1.374)	(-2.055)	(0.519)	(2.498)	(0.872)
年度/行业虚拟变量	控制	控制	控制	控制	控制
F	7.208***	13.495***	2.187***	4.750***	11.076***
Adj-R^2	0.134	0.238	0.029	0.086	0.201
N	800	800	800	800	800

注：***、**、*分别表示 0.01、0.05、0.1 的显著性水平；括号内的数字为 t 值，双尾检验。

表 6-18 中的第一列结果表明，政府报酬率（RG）与兼顾公平、效率的交叉变量（FAI×EFF）的回归系数为 0.148，且在 0.01 的水平上显

著相关，这表明非国有上市公司在兼顾公平和效率的前提下进行增值额分配时，分配给政府的增值额比率（RG）应该较高。第二列结果显示，员工报酬率（RE）与兼顾公平、效率的交叉变量（FAI×EFF）的回归系数为0.082，且在0.01的水平上显著相关，这表明非国有上市公司在兼顾公平和效率的前提下进行增值额分配时，分配给企业员工的增值额比率（RE）应该较高。而第三列结果显示，债权人报酬率（RD）与交叉变量（FAI×EFF）的关系并不显著。第四列结果显示，股东报酬率（RS）与兼顾公平、效率的交叉变量（FAI×EFF）的回归系数为0.067，且在0.01的水平上显著相关，这表明非国有上市公司在兼顾公平和效率的前提下进行增值额分配时，分配给企业股东的增值额比率（RS）应该较高。第五列结果显示，企业留存率（NAP）与兼顾公平、效率的交叉变量（FAI×EFF）的回归系数为-0.323，且在0.01的水平上显著相关，这表明非国有上市公司在兼顾公平和效率的前提下进行增值额分配时，留存在企业的增值额比率（NAP）应较低。总而言之，非国有上市公司进行兼顾公平和效率的增值额分配时，需要提高政府报酬率（RG）、员工报酬率（RE）和股东报酬率（RS），同时应适当降低企业留存率（NAP）。

通过比较我们还发现，非国有上市公司的留存率（NAP）对兼顾公平和效率的分配有着重要的负面影响，企业留存率（NAP）的增加会降低企业分配的公平和效率（影响系数为-0.323），不利于体现增值额分配的公平和效率。而政府报酬率（RG）对兼顾公平和效率的分配有着重要的正面影响，政府报酬率（RG）增加可以有效地促进增值额分配的公平和效率（影响系数为0.148）。

6.4　国有上市公司的实证研究结果与分析

6.4.1　描述性统计

表6-19为2 376个国有上市公司观察样本描述性统计结果。从表中我们可以发现，增值额分配比率的差异较大，这与非国有上市公司的

现象是一致的。例如，政府报酬率（RG）的平均值为 0.286，最大值为 0.732，而最小值仅为 0.023。分配公平（FAI）的平均值为 0.018，最大值为 2.060，而最小值却为-1.156，这说明国有上市公司分配公平性的差距较大。分配效率（EFF）的平均值为 0.118，最大值为 1.638，而最小值仅为-3.733，这说明国有上市公司分配效率的差异较大。

表 6-19 **变量的描述性统计**

变量	平均值	中位数	标准差	最小值	最大值
RG	0.286	0.283	0.108	0.023	0.732
RE	0.316	0.309	0.144	0.017	0.782
RD	0.087	0.069	0.075	0.000	0.591
RS	0.121	0.098	0.100	0.000	0.690
NAP	0.190	0.166	0.127	0.000	0.901
FAI	0.018	0.017	0.423	-1.156	2.060
EFF	0.118	0.083	0.155	-3.733	1.638
FAI×EFF	0.016	0.001	0.078	-0.664	0.979
ROA	0.054	0.047	0.229	-3.775	8.195
LEV	0.672	0.521	2.361	0.000	0.959
SIZE	21.951	21.805	1.104	19.451	27.511

6.4.2 相关性检验

表 6-20 列示了国有上市公司观察样本 Pearson 相关系数矩阵。分析发现，政府报酬率（RG）、债权人报酬率（RD）、股东报酬率（RS）和企业留存率（NAP）均与分配公平（FAI）呈显著正相关关系，而员工报酬率（RE）则与分配公平（FAI）呈显著负相关关系；股东报酬率（RS）、企业留存率（NAP）与分配效率（EFF）呈显著正相关关系，而政府报酬率（RG）、员工报酬率（RE）、债权人报酬率（RD）则与分配

表 6-20 变量的 Pearson 相关性分析

变量	RG	RE	RD	RS	NAP	FAI	EFF	FAI×EFF	ROA	LEV	SIZE
RG	1.000										
RE	−0.294***	1.000									
RD	−0.126***	−0.092***	1.000								
RS	−0.180***	−0.429***	−0.162***	1.000							
NAP	−0.299***	−0.493***	−0.249***	−0.052**	1.000						
FAI	0.135***	−0.515***	0.544***	0.272***	0.218***	1.000					
EFF	−0.068***	−0.376***	−0.143***	0.281***	0.347***	0.207***	1.000				
FAI×EFF	0.019	−0.503***	0.308***	0.339***	0.251***	0.545***	0.565***	1.000			
ROA	0.034	0.002	0.021	−0.018	−0.029	0.005	−0.006	0.000	1.000		
LEV	0.025	−0.011	0.006	−0.018	0.003	0.009	−0.018	−0.014	−0.356***	1.000	
SIZE	0.108***	−0.324***	0.003	0.189***	0.126***	0.248***	0.190***	0.215***	−0.030	−0.006	1.000

注：***、**、*分别表示 0.01、0.05、0.1 的显著性水平，双尾检验。

效率（EFF）呈显著负相关关系；政府报酬率（RG）、债权人报酬率（RD）、股东报酬率（RS）、企业留存率（NAP）与公平效率（FAI×EFF）呈显著正相关关系，而员工报酬率（RE）与公平效率（FAI×EFF）呈显著负相关关系。由于相关性检验不能准确反映变量之间关系，仅作为检验变量间是否存在多重共线性的工具，所以需进一步进行回归分析来探索增值额分配与公平、效率的关系。同时，表 6-20 中各变量之间的 Pearson 相关系数最大值为 0.565，远小于 0.8 的经验标准。根据多重共线性判别的原则，这可以说明本书的变量之间并不存在多重共线性问题。

表 6-21 列示了国有上市公司观察样本的 Spearman 相关系数矩阵。经过与表 6-20 的 Pearson 相关系数矩阵比较发现，变量之间的相关基本一致。各变量之间的 Spearman 相关系数绝对值的最大值为 0.576，远小于 0.8 的经验标准。这进一步验证了本书的模型不存在多重共线性问题。

6.4.3 回归分析

表 6-22 显示了模型（6.14）对国有上市公司观察样本的回归分析结果。表中的结果显示，5 个增值额分配比率回归结果的 F 统计量分别为 18.058、279.277、111.516、29.071 和 14.044，并且均在 0.01 的水平上显著，这可以说明本书的检验模型（6.14）总体设定是有效的，且总体上通过了显著性检验。

表 6-22 中第一列结果表明，政府报酬率（RG）与增值额分配的公平性（FAI）的回归系数为 0.037，且在 0.01 的水平上显著相关，这表明国有上市公司的分配越公平时，政府报酬率（RG）越高。第二列结果显示，员工报酬率（RE）与增值额分配的公平性（FAI）的回归系数为-0.254，且在 0.01 的水平上显著相关，这表明国有上市公司的分配越公平时，企业的员工报酬率（RE）越低。第三列结果显示，债权人报酬率（RD）与增值额分配的公平性（FAI）的回归系数为 0.131，且在 0.01 的水平上显著相关，这表明国有上市公司的分配越公平时，债权人报酬率（RD）越高。第四列结果显示，股东报酬率（RS）与增值

表 6-21 变量的 Spearman 相关性分析

变量	RG	RE	RD	RS	NAP	FAI	EFF	FAI×EFF	ROA	LEV	SIZE
RG	1.000										
RE	-0.285***	1.000									
RD	-0.096***	-0.045**	1.000								
RS	-0.142***	-0.408***	-0.186***	1.000							
NAP	-0.232***	-0.490***	-0.234***	-0.003	1.000						
FAI	0.165***	-0.536***	0.536***	0.270***	0.243***	1.000					
EFF	-0.015	-0.576***	-0.258***	0.325***	0.554***	0.324***	1.000				
FAI×EFF	0.134***	-0.519***	0.459***	0.274***	0.257***	0.531***	0.316***	1.000			
ROA	0.068***	-0.010	0.036*	-0.017	-0.049**	0.020	-0.016	0.014	1.000		
LEV	-0.002	0.017	-0.039*	-0.008	0.015	-0.042**	0.008	-0.016	-0.340***	1.000	
SIZE	0.083***	-0.338***	-0.009	0.202***	0.127***	0.285***	0.297***	0.294***	-0.007	0.029	1.000

注：***、**、*分别表示 0.01、0.05、0.1 的显著性水平，双尾检验。

表 6-22　　　　**模型（6.14）的回归结果**

变量	RG	RE	RD	RS	NAP
Constant	0.036 （0.751）	0.790*** （21.404）	0.399*** （15.799）	-0.200*** （-4.684）	-0.026 （-0.449）
FAI	0.037*** （6.706）	-0.254*** （-60.362）	0.131*** （45.607）	0.031*** （6.430）	0.055*** （8.377）
ROA	0.022** （2.226）	-0.002 （-0.278）	-0.001 （-0.228）	-0.011 （-1.242）	-0.008 （-0.656）
LEV	0.002** （2.014）	-0.001 （-0.132）	-0.001 （-0.099）	-0.000 （-0.791）	-0.001 （-0.965）
SIZE	0.009*** （4.222）	-0.019*** （-11.475）	-0.013*** （-11.649）	0.014*** （7.556）	0.009*** （3.384）
年度/行业虚拟变量	控制	控制	控制	控制	控制
F	18.058***	279.277***	111.516***	29.071***	14.044***
Adj-R^2	0.131	0.711	0.494	0.199	0.103
N	2 376	2 376	2 376	2 376	2 376

注：***、**、*分别表示 0.01、0.05、0.1 的显著性水平；括号内的数字为 t 值，双尾检验。

额分配的公平性（FAI）的回归系数为 0.031，且在 0.01 的水平上显著相关，这表明国有上市公司的分配越公平时，股东报酬率（RS）越高。第五列结果显示，企业留存率（NAP）与增值额分配的公平性（FAI）的回归系数为 0.055，且在 0.01 的水平上显著相关，这表明国有上市公司的分配越公平时，企业的留存率（NAP）越高。

表 6-23 显示了模型（6.15）对国有上市公司观察样本的回归分析结果。表中的结果显示，5 个增值额分配比率回归结果的 F 统计量分别

为 15.728、56.867、9.874、30.842 和 22.535，并且均在 0.01 的水平上显著，这可以说明本书的检验模型（6.15）总体设定是有效的，且总体上通过了显著性检验。

表 6-23 **模型（6.15）的回归结果**

变量	RG	RE	RD	RS	NAP
Constant	−0.047 (−0.998)	1.235*** (22.513)	0.099*** (2.951)	−0.230*** (−5.555)	−0.057 (−1.049)
EFF	−0.021 (−1.427)	−0.261*** (−15.349)	−0.083*** (−8.004)	0.108*** (8.450)	0.257*** (15.276)
ROA	0.023** (2.292)	−0.010 (−0.822)	0.002 (0.261)	−0.010 (−1.113)	−0.005 (−0.473)
LEV	0.002** (2.166)	−0.002 (−1.563)	0.001 (0.769)	−0.000 (−0.439)	−0.000 (−0.442)
SIZE	0.013*** (6.271)	−0.039*** (−15.979)	0.002 (1.377)	0.015*** (8.237)	0.009*** (3.586)
年度/行业虚拟变量	控制	控制	控制	控制	控制
F	15.728***	56.867***	9.874***	30.842***	22.535***
Adj-R^2	0.115	0.331	0.073	0.206	0.160
N	2 376	2 376	2 376	2 376	2 376

注：***、**、*分别表示 0.01、0.05、0.1 的显著性水平；括号内的数字为 t 值，双尾检验。

表 6-23 中的第一列结果表明，政府报酬率（RG）与增值额分配的效率（EFF）的关系并不显著。第二列结果显示，员工报酬率（RE）与增值

额分配的效率（EFF）的回归系数为-0.261，且在0.01的水平上显著相关，这表明国有上市公司的分配越有效率时，企业的员工报酬率（RE）越低。第三列结果显示，债权人报酬率（RD）与增值额分配的效率（EFF）的回归系数为-0.083，且在0.01的水平上显著相关，这表明国有上市公司的分配越有效率时，债权人报酬率（RD）越低。第四列结果显示，股东报酬率（RS）与增值额分配的效率（EFF）的回归系数为0.108，且在0.01的水平上显著相关，这表明国有上市公司的分配越有效率时，股东报酬率（RS）越高。第五列结果显示，企业留存率（NAP）与增值额分配的效率（EFF）的回归系数为0.257，且在0.01的水平上显著相关，这表明国有上市公司的分配越有效率时，企业留存率（NAP）越低。

表6-24显示了模型（6.16）对国有上市公司观察样本的回归分析结果，具体考察了兼顾公平和效率时增值额如何分配。表中结果显示，5个增值额分配比率回归结果的F统计量分别为15.730、102.895、19.983、21.398和15.098，并且均在0.01的水平上显著，这可以说明本书的检验模型（6.16）总体设定是有效的，且总体上通过了显著性检验。

表6-24中第一列结果表明，政府报酬率（RG）与兼顾公平、效率的交叉变量（FAI×EFF）的回归系数为0.044，且在0.1的水平上显著相关，这表明国有上市公司在兼顾公平和效率前提下进行增值额分配时，分配给政府的增值额（RG）应该较高。第二列结果显示，员工报酬率（RE）与兼顾公平、效率的交叉变量（FAI×EFF）的回归系数为-0.961，且在0.01的水平上显著相关，这表明国有上市公司在兼顾公平和效率的前提下进行增值额分配时，分配给企业员工的增值额比率（RE）应该较低。企业的债权人报酬率（RD）与兼顾公平、效率交叉变量（FAI×EFF）的回归系数为0.337，且在0.01的水平上显著相关，这表明国有上市公司在兼顾公平和效率的前提下进行增值额分配时，分配给企业债权人的增值额比率（RD）应该较高。股东报酬率（RS）与兼顾公平、效率交叉变量（FAI×EFF）的回归系数为0.239，且在0.01的水平上显著相关，这表明国有上市公司在兼顾公平和效率

的前提下进行增值额分配时，分配给企业股东的增值额比率（RS）应该较高。企业留存率（NAP）与交叉变量（FAI×EFF）的回归系数为0.341，且在0.01的水平上显著相关，这表明国有上市公司在兼顾公平和效率的前提下进行增值额分配时，留存在企业的增值额比率（NAP）应较高。

表 6-24　**模型（6.16）的回归结果**

变量	RG	RE	RD	RS	NAP
Constant	−0.027	1.023***	0.230***	−0.191***	−0.034
	（−0.561）	（20.726）	（7.043）	（−4.559）	（−0.608）
FAI×EFF	0.044*	−0.961***	0.337***	0.239***	0.341***
	（1.637）	（−30.674）	（16.281）	（8.990）	（9.509）
ROA	0.023**	−0.007	0.002	−0.010	−0.007
	（2.294）	（−0.712）	（0.252）	（−1.197）	（−0.578）
LEV	0.002**	−0.001	0.001	0.000	0.000
	（2.193）	（−1.387）	（0.944）	（−0.616）	（−0.732）
SIZE	0.012***	−0.030***	−0.005***	0.014***	0.009***
	（5.660）	（−13.613）	（−3.406）	（7.425）	（3.554）
年度/行业虚拟变量	控制	控制	控制	控制	控制
F	15.730***	102.895***	19.983***	21.398***	15.098***
Adj-R^2	0.115	0.474	0.144	0.212	0.111
N	2 376	2 376	2 376	2 376	2 376

注：***、**、*分别表示0.01、0.05、0.1的显著性水平；括号内的数字为t值，双尾检验。

通过比较还发现，国有上市公司的员工报酬率（RE）对兼顾公平和效率的分配有着重要的负面影响，员工报酬率（RE）的增加会降低企业分配的公平和效率（影响系数为-0.961），即不利于体现增值额分配的公平和效率。而债权人报酬率（RD）和企业留存率（NAP）对兼顾公平和效率的分配有着重要的正面影响，债权人报酬率（RD）和企业留存率（NAP）增加可以有效地促进增值额分配的公平和效率（影响系数分别为 0.337 和 0.341）。

6.5 本章小结

如何兼顾公平和效率对增值额进行合理分配，一直是学术界和实务界关注的热点话题。本书采用实证分析的方法，选取我国 A 股上市公司 2003—2009 年的 3 176 个观察单位为研究样本（非国有上市公司样本 800 个，国有上市公司样本 2 376 个），采用主成分分析法对增值额分配的公平和效率进行了合理的评价，采用多元线性回归对增值额分配比率与公平、效率之间的关系进行了分析，主要结论如下：

（1）在非国有上市公司样本中，政府报酬率（RG）、员工报酬率（RE）和股东报酬率（RS）与兼顾公平、效率的交叉变量（FAI×EFF）呈显著正相关关系（影响系数分别为 0.148、0.082 和 0.067），企业留存率（NAP）与兼顾公平、效率的交叉变量（FAI×EFF）呈显著负相关关系（影响系数为-0.323），而债权人报酬率（RD）与交叉变量（FAI×EFF）的关系并不显著。

总而言之，非国有上市公司进行兼顾公平和效率的增值额分配时，需要提高政府报酬率（RG）、员工报酬率（RE）和股东报酬率（RS），同时应适当降低企业留存率（NAP）。通过比较我们还发现，非国有上市公司的留存率（NAP）对兼顾公平和效率的分配有着重要的负面影响，企业留存率（NAP）的增加会降低非国有上市公司分配的公平和效率（影响系数为-0.323），即不利于体现增值额分配的公平和效率。而政府报酬率（RG）对兼顾公平和效率的分配有着重要的正面影响，政府报酬率（RG）增加可以有效地促进增值额分配的公平和效率（影响系数为 0.148）。

（2）在国有上市公司样本中，政府报酬率（RG）、债权人报酬率（RD）、股东报酬率（RS）和企业留存率（NAP）与兼顾公平、效率的交叉变量（FAI×EFF）呈显著正相关关系（影响系数分别为 0.044、0.337、0.239 和 0.341），员工报酬率（RE）与兼顾公平、效率的交叉变量（FAI×EFF）呈显著负相关关系（影响系数为-0.961）。总而言之，国有上市公司进行兼顾公平和效率的增值额分配时，需要提高政府报酬率（RG）、债权人报酬率（RD）、股东报酬率（RS）和企业留存率（NAP），同时应适当降低员工报酬率（RE）。通过比较我们还发现，国有上市公司的员工报酬率（RE）对兼顾公平和效率的分配有着重要的负面影响，员工报酬率（RE）的增加会降低增值额分配的公平和效率（影响系数为-0.961），即不利于体现增值额分配的公平和效率。而债权人报酬率（RD）和企业留存率（NAP）对兼顾公平和效率的分配有着重要的正面影响，债权人报酬率（RD）和企业留存率（NAP）增加可以有效地促进增值额分配的公平和效率（影响系数分别为 0.337 和 0.341）。

（3）基于产权差异视角，本章对不同产权性质情况下兼顾公平和效率的增值额分配问题进行比较分析和研究。首先，无论是非国有上市公司还是国有上市公司，政府报酬率（RG）和股东报酬率（RS）与兼顾公平、效率的交叉变量（FAI×EFF）呈显著正相关关系，即增加政府报酬率（RG）和股东报酬率（RS）可以有效地体现企业增值额分配的公平和效率。其次，在非国有上市公司，员工报酬率（RE）与兼顾公平、效率的交叉变量（FAI×EFF）呈显著正相关关系，即增加员工报酬率（RE）可以有效地体现非国有上市公司增值额分配的公平和效率。而在国有上市公司，员工报酬率（RE）与兼顾公平、效率的交叉变量（FAI×EFF）呈显著负相关关系，即降低员工报酬率（RE）才能体现国有上市公司增值额分配的公平和效率。在非国有上市公司，企业留存率（NAP）与兼顾公平、效率的交叉变量（FAI×EFF）呈显著负相关关系，即降低企业留存率（NAP）可以有效地体现非国有上市公司增值额分配的公平和效率。而在国有上市公司中，企业留存率（NAP）与兼顾公平、效率的交叉变量（FAI×EFF）呈显著正相关关系，即增加企业留存率（NAP）才能体现国有上市公司增值额分配的公平和效率。最后，在非国有上市公司中，债权人报酬率（RD）与兼顾公平、效率的交叉变量（FAI×EFF）的关系并不显著，而在国有上市公司中，债权人报酬率（RD）与兼顾公平、效率的交叉变量（FAI×EFF）呈显著正相关关系。

7 研究的结论与展望

当今，社会主义市场经济高度发达，要素在市场上有很高的流动性，而且对产出和投入的关系极为敏感，总是试图寻找最佳的平衡点。一方面，在企业经营过程中，不同的利益相关者的目的各不相同，比如股东是为了投资的资本能得到最大的增值，员工希望获得工资及福利最大化，而债权人则希望获取更多的利息、租金。另一方面，国家为了获取高额的税收而希望企业营业收入及税前利润最大，而企业则为了自身利益希望能把较多的利润留存在企业中。兼顾公平和效率的增值额分配就成为理论界和实务界较为关心的问题。本章为专著的总结，汇报了本书的主要研究结论，并指出了本研究的主要创新点和未来研究的展望。

7.1 主要研究结论

为了实现企业增值额分配的公平和效率，本书以公平和效率并重的分配理论为理论背景，从产权差异视角，通过理论分析和实证分析的方法，分析了我国上市公司增值额分配与公平、效率之间的关系。本书的主要研究结论可表述如下：

（1）实证分析结果发现，我国上市公司增值额分配比率存在着显著的行业差异、产权差异和区域差异。

本书分别对我国上市公司的增值额分配比率进行了行业、产权和区域差异比较，研究发现：首先，基于 Kruskal-Wallis H 非参数检验和对应分析，我国上市公司行业间的增值额分配比率存在显著的差异。根据二维因子负荷图可以将行业分为三类，第一类包含建筑业、制造业和批发零售业；第二类包含煤气电力业和房地产业；第三类包含交通运输业、信息技术业、采掘业和农林牧渔业。其次，基于组间均值比较分析，我国非国有上市公司和国有上市公司的增值额分配比率存在显著的差异，非国有上市公司在政府报酬率（RG）、债权人报酬率（RD）和企业留存率（NAP）这三个方面高于国有上市公司，而在员工报酬率（RE）和股东报酬率（RS）这两个方面则低于国有上市公司。其中，员工报酬率（RE）、债权人报酬率（RD）和企业留存率（NAP）的组间均值差异在1%的水平上显著。最后，基于Kruskal-Wallis H非参数检验和对应分析，我国六大区域的上市公司之间存在着显著的差异。根据二维因子载荷图可以将地区分为三类，第一类包含西北地区和西南地区；第二类包含东北地区、中部地区和环渤海地区；第三类包含东南地区。

（2）运用典型相关分析对我国上市公司增值额分配比率与公平的关系进行分析，研究结果表明不同产权性质上市公司的增值额分配比率与公平之间关系并不相同。

本书采用我国A股上市公司的数据，在细分企业产权性质的基础上，运用典型相关分析方法分别对非国有上市公司和国有上市公司的增值额分配比率与公平性的关系进行了研究。研究发现：一方面，非国有上市公司的政府报酬率（RG）、员工报酬率（RE）、债权人报酬率（RD）与典型变量高度正相关，股东报酬率（RS）与典型变量高度负相关，而企业留存率（NAP）与典型变量关系不显著；另一方面，国有上市公司的债权人报酬率（RD）和股东报酬率（RS）与典型变量高度正相关，政府报酬率（RG）与典型变量高度负相关，而员工报酬率（RE）和企业留存率（NAP）与典型变量关系不显著。

（3）运用典型相关分析对我国上市公司增值额分配比率与效率的关系进行分析，研究结果表明不同产权性质上市公司的增值额分配比率与效率的关系并不相同。

基于产权性质的差异，本书采用典型相关分析对我国上市公司的增值额分配比率与效率的关系进行了分析，研究发现：一方面，非国有上市公司的债权人报酬率（RD）、员工报酬率（RE）和政府报酬率（RG）与典型变量高度正相关，而股东报酬率（RS）和企业留存率（NAP）与典型变量关系不显著；另一方面，国有上市公司的债权人报酬率（RD）和员工报酬率（RE）与典型变量高度正相关，股东报酬率（RS）与典型变量呈高度负相关，而政府报酬率（RG）和企业留存率（NAP）与典型变量关系不显著。

（4）构建了兼顾公平与效率的上市公司增值额分配检验模型，探析了产权性质各异的上市公司兼顾公平与效率时进行增值额分配的机理。

本书通过构建考察兼顾公平和效率的上市公司增值额分配检验模型，采用 OLS 回归分析发现：一方面，非国有上市公司的政府报酬率（RG）、员工报酬率（RE）和股东报酬率（RS）与兼顾公平、效率的交叉变量（FAI×EFF）呈显著正相关关系（影响系数分别为 0.148、0.082 和 0.067），企业留存率（NAP）与兼顾公平、效率的交叉变量（FAI×EFF）呈显著负相关关系（影响系数为-0.323），而债权人报酬率（RD）与交叉变量（FAI×EFF）的关系并不显著，非国有上市公司进行兼顾公平和效率的增值额分配时，需要提高政府报酬率（RG）、员工报酬率（RE）和股东报酬率（RS），同时应适当降低企业留存率（NAP）；另一方面，在国有上市公司样本中，政府报酬率（RG）、债权人报酬率（RD）、股东报酬率（RS）和企业留存率（NAP）与兼顾公平、效率的交叉变量（FAI×EFF）呈显著正相关关系，员工报酬率（RE）与兼顾公平、效率的交叉变量（FAI×EFF）呈显著负相关关系，国有上市公司进行兼顾公平和效率的增值额分配时，需要提高政府报酬率（RG）、债权人报酬率（RD）、股东报酬率（RS）和企业留存率（NAP），同时应适当降低员工报酬率（RE）。

7.2 主要创新点

本书的创新点主要有以下三点：

（1）采用 Kruskal-Wallis H 非参数检验、对应分析和组间均值比较分析等方法，发现我国上市公司增值额分配比率具有明显的行业、产权和区域特征。

① 在计量我国上市公司增值额分配比率的基础上，基于行业、产权和区域的视角，采用 Kruskal-Wallis H 非参数检验、对应分析和组间

均值比较分析，实证分析了我国上市公司增值额分配比率的分布特征；

② 研究发现，增值额分配在行业间的差异可以归类成“建筑业、制造业和批发零售业”“煤气电力业和房地产业”“交通运输业、信息技术业、采掘业和农林牧渔业”等三类之间的差异；

③ 非国有上市公司在政府报酬率、债权人报酬率和企业留存率方面均高于国有上市公司对应的分配比率，而在员工报酬率（RE）和股东报酬率（RS）方面则低于国有上市公司的相应分配比率，增值额分配比率在产权间的差异显著；

④ 根据二维因子载荷图区域间的差异可以分成“西北地区和西南地区”“东北地区、中部地区和环渤海地区”“东南地区”等三类地区之间的差异。

（2）运用典型相关模型，实证研究发现我国上市公司的增值额分配与公平、增值额分配与效率之间有很强的相关关系。

① 通过对增值额分配与公平、效率的典型变量组进行典型相关分析，构建了不同产权性质下的典型相关模型，检验了增值额分配比率与公平或效率的关系。

② 研究结果表明，在非国有上市公司中，增值额分配比率影响公平的主要因素是债权人报酬率、员工报酬率和股东报酬率，影响效率的因素主要是债权人报酬率、员工报酬率和政府报酬率；而在国有上市公司中，增值额分配比率影响公平的主要因素是债权人报酬率、政府报酬率和股东报酬率，影响效率的因素主要是债权人报酬率、员工报酬率和股东报酬率。

（3）构建了考察兼顾公平和效率的上市公司增值额分配检验模型，实证检验了我国上市公司增值额分配比率与公平和效率交叉变量之间的关系。

① 构建了考察兼顾公平和效率的上市公司增值额分配检验模型，通过最小二乘法回归分析实证检验发现，在非国有上市公司中，政府报酬率、员工报酬率和股东报酬率与兼顾公平、效率的交叉变量呈显著正相关关系，企业留存率与交叉变量呈显著负相关关系，而债权人报酬率与交叉变量的关系并不显著；在国有上市公司中，政府报酬率、债权人

报酬率、股东报酬率和企业留存率与兼顾公平、效率的交叉变量呈显著正相关关系，员工报酬率与交叉变量呈显著负相关关系。

② 为了考察我国上市公司兼顾公平和效率时如何进行增值额分配，本书构建了检验模型实证分析了不同产权性质上市公司的增值额分配情况，为上市公司科学合理地进行增值额分配提供了新的方法和工具。

7.3 未来研究的展望

增值额分配问题是一个错综复杂但却具有重大现实意义和理论意义的研究课题，对于深入研究我国企业的分配制度有着重要的意义，本书通过典型相关分析和 OLS 回归分析对兼顾公平和效率的增值额分配问题进行了相关研究，取得了一定的研究成果，但在未来的研究中仍有许多内容值得深入探讨:

（1）研究方法的进一步丰富。本书在研究增值额分配问题时采用的计量方法主要有对应分析、典型相关分析和 OLS 回归分析，但随着对增值额分配问题研究的深入，必须要采用新的研究方法才能挖掘增值额分配问题背后隐藏的信息。可以在后续的研究中引入多方博弈分析、结构方法分析、线性规划等研究方法，这样才能将增值额分配问题推向纵深化。

（2）考虑企业利益相关者的行为特征对增值额分配的影响。近年来，随着行为金融学的发展，国内外学者从管理者的行为特征方面对经济现象中存在的“异象”进行解释，取得了丰硕的研究成果。增值额分配应该是管理者、员工、债权人、股东和政府部门等利益相关者在多重博弈中形成的结果，而在博弈过程中利益相关者的个人行为特征（公平偏好、风险偏好、过度自信、过度乐观）会对博弈的结果产生无形却又无法忽略的影响，在后续的研究之中，应该考虑企业利益相关者的行为特征对增值额分配的影响，这对于理清增值额分配问题有着重要的意义。

（3）公平与效率关系的深入刻画。显然这涉及的是一个根本性问题，本书采用了一些代理变量表征公平与效率关系，虽得到一些有参考价值的研究成果，但如何构建适应经济社会发展不同阶段的公平与效率关系，仍是一个值得深入研究的问题。

（4）本研究对象仅设定为上市公司，未能对国内其他类型的企业做类似的实证分析，在可能的条件下，建议后续可以对国内其他类型企业进行研究。

（5）本研究仅对上市公司分产权进行了增值额分配与公平的关系研究、增值额分配与效率的关系研究、兼顾公平与效率的增值额分配研究，未能分行业、分区域进行全面分析，在可能的情况下，建议全方位地开展实证研究，以增强研究结论的适用性。

参考文献

[1] RIAHI-BELKAOUI A. Value added reporting and research: state of the art [M]. London: Quorum Books, 1999.

[2] HELLER P S, PORTER R C. Exports and growth: an empirical re-investigation [J]. Journal of Development Economics, 1978, 5(2): 191-193.

[3] ELIAS A A, CAVANA R Y, JACKSON L S. Linking stakeholder literature and system dynamics: opportunities for research [R]. Geelong: the International Conference on Systems Thinking in Management, 2000.

[4] AKERLOF G A, SHILLER R. Animal spirits: how human psychology drives the economy, and why it matters for global capitalism [M]. Princeton: Princeton University Press, 2009.

[5] AMBROSE M L, HARLAND L K, KULIK C T. Influence of social comparisons on perceptions of organizational fairness [J]. Journal of Applied Psychology, 1991, 76(2): 239-246.

[6] SÁNCHEZ A, CUESTA J A. Altruism may arise from individual selection [J]. Journal of Theoretical Biology, 2005, 235(2): 233-240.

[7] BERLIANT M C, STRAUSS R P. State and federal tax equity: estimates before and after the Tax Reform Act of 1986 [J]. Journal of Policy Analysis and Management, 1993, 12(1): 9-43.

[8] BOLTON G E, OCKENFELS A. ERC: a theory of equity, reciprocity and competition [J]. American Economic Review, 2000, 90(1): 166-193.

[9] BOWLES S. Microeconomics: behavior, institutions and evolution [M]. Princeton: Princeton University Press, 2004.

[10] BOX G E P, COX D R. An analysis of transformations [J]. Journal of Royal Statistical Society Series B, 1964, 26(2): 211-252.

[11] BURDETT K, MORTENSEN D T. Equilibrium wage differentials and employer size [J]. International Economic Review, 1998, 39(2): 257-274.

[12] BURNHAM T C. High-testosterone men reject low ultimatum game offers [R]. Proceedings of the Royal Society Working Paper, 2007.

[13] COLQUITT J A. On the dimensionality of organizational justice: a construct validation of a measure [J]. Journal of Applied Psychology, 2001, 86(3): 386-400.

[14] CORE J E, HOLTHAUSEN R W, LARCKER D F. Corporate governance, Chief Executive Officer compensation, and firm performance [J]. Journal of Financial Economics, 1999, 51(3): 371-406.

[15] DECONINCK J B, STILWELL C D. Incorporating organizational justice, role states, pay satisfaction and supervisor satisfaction in a model of turnover intentions [J]. Journal of Business Research, 2004, 57(3): 225-231.

[16] DERRICK F W, SCOTT C E. Sales tax equity: who bears the burden?[J]. Quarterly Review of Economics and Finance, 1998, 38(2): 227-237.

[17] DODD E M. For whom are corporate managers trustees [J]. Harvard Law Review, 1932, 45(7): 1145-1163.

[18] DONALDSON T, PRESTON L E. The stakeholder theory of the corporation: concepts, evidence, and implications [J]. Academy of Management Review, 1995, 20(1): 153-162.

[19] FAMA E F, FRENCH K R. The corporate cost of capital and the return on corporate investment [J]. Journal of Finance, 1999, 54(6): 1939-1967.

[20] FEHR E, FALK A. Psychological foundations of incentives [J]. European Economic Review, 2002, 46(4/5): 687-724.

[21] DE QUERVAIN J-F D, FISCHBACHER U, TREYER V, et al. The neural basis of altruistic punishment [J]. Science, 2004, 305(5688): 1254-1258.

[22] FRECKA T J, HOPWOOD W S. The effects of outliers on the cross-sectional distributional properties of financial ratios [J]. The Accounting Review, 1983, 58(1): 115-128.

[23] FREEMAN R E. Strategic management: a stakeholder approach [M]. Boston: Pitman Publishing, 1984.

[24] FREEMAN R E, EVAN W. Corporate governance: a stakeholder interpreta-

tion [J]. Journal of Behavioral Economics,1990,19(4):337-359.

[25] FREEMAN R E. The politics of stakeholder theory: some future directions [J]. Business Ethics Quarterly,1994,4(4):409-421.

[26] GOODPASTER K E. Business ethics and stakeholder analysis [J]. Business Ethics Quarterly,1991,13(4):479-502.

[27] HACKMAN J R, OLDHAM G R. The job diagnostic survey: an instrument for the diagnosis of jobs and the evaluation of job redesign projects [J]. JSAS Catalog of Selected Documents in Psychology,1974(4):148-180.

[28] HALLER A, STOLOWY H. Value added in financial accounting: a comparative study between Germany and France [J]. Advances in International Accounting,1998,11(1):23-51.

[29] HOTELLING H. Relations between two sets of variates [J]. Biometrika, 1936,28(3/4):321-377.

[30] JENSEN M, MECKLING W. Theory of the firm: managerial behavior, agency costs, and ownership structure [J]. Journal of Financial Economics, 1976(3):305-360.

[31] KAISER H F. A second generation little Jiffy [J]. Psychometrika, 1970 (35):401-415.

[32] LA PORTA R, LOPEZ-DE-SILANES F, SHLEIFER A, et al. Law and Finance [J]. Journal of Political Economy,1998,106(6):1113 - 1155.

[33] LAMBERT S J. Added benefits the link between worklife benefits and organizational citizenship behavior [J]. Academy of Management Journal, 2000,43(5):801-815.

[34] LA PORTA R, LOPEZ-DE-SILANES F, SHLEIFER A, et al. Investor protection and corporate governance [J]. Journal of Financial Economics, 2000,58(1/2):3-27.

[35] LOWERY D. Tax equity under conditions of fiscal stress: the case of the property tax [J]. Oxford Journals,1984,14(2):55-65.

[36] MASTERSON S. Integration justice and social exchange: the differing effects of fair procedures and treatment on work relationship [J]. Acade-

my of Management Journal,2000,43(4):738–748.

[37] MENG X. Labor market reform in China [M]. Cambridge:Cambridge University Press,2000.

[38] MILGROM P, ROBERTS J. Economics, organization and management [M]. Englewood Cliffs,NJ:Prentice Hall,1992.

[39] MORLEY M. The value added statement [M]. London:Gee & Co,1978.

[40] MYERS S. Determinants of corporate borrowing [J]. Journal of Financial Economics,1977,5(2):147–175.

[41] BOWLES S,GINTIS H. The origins of human cooperation [M]//HAMMERSTEIN P. The genetic and cultural origins of cooperation. Cambridge:MIT Press,2003.

[42] QIAN J,STRAHAN P. How laws and institutions shape financial contracts: the case of bank loan [J]. The Journal of Finance,2007,62(6):2803–2834.

[43] ROBSON A J. Group selection [M]//DURLAUF S N, BLUME L E. The new Palgrave dictionary of economics. 2nd Edition. London: Palgrave Macmillan,2008.

[44] GRAY R H,MAUNDERS K T. Value added reporting: uses and measurement [R]. London:Association of Certified Accountants,1980.

[45] SIEGEL P A, HAMBRICK D C. Pay disparities within top management groups: evidence of harmful effects on performance of high-technology firms [J]. Organization Science,2005,16(3):259–274.

[46] STIGLITZ J E. Information and economic analysis:a perspective [J]. Economic Journal,1985(95):21–41.

[47] SUNDARAM,INKPEN. Cross-border acquisitions in response to bilateral regional trade liberalization [J]. Transnational Corporations,2001,10(1):93–123.

[48] SUTTER M. Outcomes versus intentions: on the nature of fair behavior and its development with age [J]. Journal of Economic Psychology,2007(28):69–78.

[49] TEKLEAB A G. Is it levels or pay raises that matter to fairness and turnover? [J]. Journal of Organizational Behavior,2005,26(8):899-921.

[50] TRICOMI E,RANGEL A,CAMERER C F,et al. Neural evidence for inquality averse social preferences [J]. Nature,2010,463(7284):1089-1091.

[51] WEISS D J,RENEV D,ENGLAND G W. Manual for the Minnesota satisfaction questionnaire [J]. Minnesota Studies in Vocational Rehabilitation,1976(22):120-141.

[52] 奥肯.平等与效率——重大的抉择[M]. 王奔洲,译.北京:华夏出版社,1987.

[53] 布罗姆利.经济利益与经济制度:公共政策的理论基础[M]. 陈郁,郭宇峰,汪春,译.上海:三联书店,上海人民出版社,2004.

[54] 蔡昉,王美艳.劳动力成本上涨与增长方式转变[J]. 中国发展观察,2007(4):14-16.

[55] 曹伟.增值表与国内生产总值核算[J]. 中国软科学,2004(5):46-52.

[56] 陈冬华,范从来,沈永建,等.职工激励、工资刚性与企业绩效——基于国有非上市公司的经验证据[J]. 经济研究,2010(7):116-129.

[57] 陈功.从“股东财富最大化”到“利益相关者财富最大化”[J]. 辽宁财税,2000(10):23-24.

[58] 陈宏辉.企业利益相关者的利益要求:理论与实证研究[M]. 北京:经济管理出版社,2004.

[59] 陈宏辉.企业剩余权的分布:基于利益相关者理论的重新思考[J]. 当代经济管理,2006,8(28):18-22.

[60] 陈琨,雷娟.人力资本、企业所有权与收益分配[J]. 山西财经大学学报,2004,26(6):22-26.

[61] 陈良文,杨开忠,沈体雁,等.经济集聚密度与劳动生产率差异——基于北京市微观数据的实证研究[J]. 经济学(季刊),2009,8(1):99-114.

[62] 陈平.企业工资分配中的问题和对策[J]. 改革,1991(5):143-147.

[63] 陈松源.论“效率优先、兼顾公平”的分配原则[J]. 深圳大学学报,1997(5):35-38.

[64] 陈享光.中国经济转轨中效率增进的逻辑与路径[J]. 经济学动态,2009

(1):14-15.

[65] 陈新宇.增值表——我国财务报表的新成员[J]. 商业研究,2005(12):91-93.

[66] 陈叶烽,周业安,宋紫峰.人们关注的是分配动机还是分配结果?——最后通牒实验视角下两种公平观的考察[J]. 经济研究,2011(6):31-44.

[67] 陈永杰.新公平/效率观——对公平与效率问题的重新审视[J]. 经济理论与经济管理,2006(5):5-12.

[68] 邓莉.公司分配与公司治理模式[J]. 企业经济,2003(10):58-59.

[69] 丁晓安.一种公平效率观:基于契约理性的尝试性探讨[J]. 经济评论,2010(4):42-48.

[70] 丁元竹.创新分配方式的公平正义价值[J]. 改革,2010(10):151-153.

[71] 董志强.我们为何偏好公平:一个演化视角的解释[J]. 经济研究,2011(8):65-77.

[72] 都阳,曲玥.劳动报酬、劳动生产率与劳动力成本优势——对2000—2007年中国制造业企业的经验研究[J]. 中国工业经济,2009(5):25-35.

[73] 杜莉,王锋.中国商业银行范围经济状态实证研究[J]. 金融研究,2002(10):31-38.

[74] 杜漪,侯臣.基于公平与效率均衡的城乡和谐[J]. 财经科学,2007(7):60-67.

[75] 樊潇彦,袁志刚.我国宏观投资效率的定义与衡量:一个文献综述[J]. 南开经济研究,2006(1):44-59.

[76] 葛四友.市场经济制度的道德根据:按贡献分配?[J]. 国际经济评论,2006,5(6):34-37.

[77] 古祺,于东智.EVA财务管理系统的理论分析[J]. 会计研究,2000(11):31-36.

[78] 郭东杰.共同治理模式下的劳动关系研究[D]. 杭州:浙江大学,2004.

[79] 郭廷巍.评用净增值法编制增值表的优越性[J]. 财会月刊,2001(16):11-12.

[80] 郝云宏,曲亮.我国国有企业治理模式的优化选择[J]. 财经科学,2005(6):118-124.

[81] 胡建华.公司制企业收入分配问题研究[J]. 技术经济,1999(9):24-26.

[82] 胡建平.公司治理:股东至上还是利益相关者至上[J]. 会计师,2007(7):21-24.

[83] 胡月晓.企业可持续发展与最适度增长研究[J]. 管理科学,2004(2):39-43.

[84] 黄邦根.构建和谐社会中效率与公平的关系[J]. 经济理论与经济管理,2005(10):18-19.

[85] 黄桐城,杨健.高科技上市公司盈利能力影响因素的定量分析[J]. 中国管理科学,2002,10(4):13-17.

[86] 黄新建,李春红.中国上市公司配股后投资收益的实证研究[J]. 中国软科学,2004(5):53-55.

[87] 黄在胜.公平偏好、身份模糊与国企经营者薪酬规制[J]. 当代经济科学,2009(1):1-7.

[88] 江伟,沈艺峰.大股东控制、资产替代与债权人保护[J]. 财经研究,2005(12):95-106.

[89] 姜再勇,严宝玉,盛朝晖,等.经济价值创造、投资效率与宏观经济增长——EVA方法及对我国和北京市制造业面板数据的研究[J]. 金融研究,2007,11(329):118-128.

[90] 凯恩斯.就业、利息和货币通论[M]. 高鸿业,译.北京:商务印书馆,1999.

[91] 李炳炎.劳动报酬不构成产品成本的内容[J]. 经济研究,1982(2):69-70.

[92] 李广子,刘力.债务融资成本与民营信贷歧视[J]. 金融研究,2009(12):137-150.

[93] 李金波,许百华,陈建明.影响员工工作投入的组织相关因素研究[J]. 应用心理学,2006,12(2):176-181.

[94] 李立春,董丽.我国全员劳动生产率与工资水平的关系分析[J]. 经济师,2008(12):68-69.

[95] 李文溥,谢攀,刘榆.两税合并的要素收入份额影响研究[J]. 南开经济研究,2012(1):50-62.

[96] 李文森,李红玲."金融业增加值"相关问题解析——以苏、浙、粤、鲁为例[J]. 金融研究,2007,11(329):143-152.

[97] 李晓宁.转轨时期初次分配的效率与公平研究[M].北京:经济科学出版社,2010.

[98] 刘运国,陈国菲.BSC与EVA相结合的企业绩效评价研究——基于GP企业集团的案例分析[J].会计研究,2007(9):50-58.

[99] 楼土明.论增值会计[J].会计研究,1996(11):25-28.

[100] 陆庆平.以企业价值最大化为导向的企业绩效评价体系——基于利益相关者理论[J].会计研究,2006(3):56-62.

[101] 陆正飞,王雄元,张鹏.国有企业支付了更高的职工工资吗?[J].经济研究,2012(3):28-39.

[102] 马崇明.国有企业实现职工主人翁地位的新途径——增值额分配模式[J].财经问题研究,2001(10):8-11.

[103] 马力,曲庆.可能的阴暗面:领导-成员交换和关系对组织公平的影响[J].管理世界,2007(11):87-95.

[104] 马丽.增值对会计学的意义[J].广西会计,2003(12):5-6.

[105] 马小援.论企业环境与企业可持续发展[J].管理世界,2010(4):1-4.

[106] 弗里德曼 M,弗里德曼 R.自由选择[M].胡骑,席学媛,安强,译.北京:商务印书馆,1982.

[107] 牟文华.增值表编制有关问题探讨[J].财会月刊,2006(9):11-12.

[108] 聂鑫,汪晗,张安录.基于公平思想的失地农民福利补偿——以江汉平原4城市为例[J].中国土地科学,2010,24(6):63-67.

[109] 平新乔,梁爽,郝朝艳.增值税与营业税的福利效应研究[J].经济研究,2009(9):66-80.

[110] 齐良书.经济增长与扩大就业:鱼和熊掌如何兼得[J].领导之友,2006(6):16-17.

[111] 邱海洋.公司利润分配法律制度研究[M].北京:中国政法大学出版社,2004.

[112] 权衡.从公平增长向收入差距扩大的转变:台湾经验与政策考察[J].世界经济研究,2008(11):79-86.

[113] 全毅,张旭华.社会公平与经济增长:东亚和拉美地区的比较分析[J].经济评论,2008(4):112-118.

[114] 任海云,李丽.对利益相关者共同治理必然性的分析[J]. 中国管理信息化,2007,10(4):57-58.

[115] 萨缪尔森.经济学(上册)[M]. 高鸿业,译.北京:商务印书馆,1986.

[116] 沈洪涛,沈艺峰.公司社会责任思想起源与演变[M]. 上海:上海人民出版社,2007.

[117] 时薛原.对我国企业编制"增值表"相关问题的探析[J]. 会计之友,2005(6):54-55.

[118] 世界银行.中国政府治理、投资环境与和谐社会:中国120个城市竞争力的提高[M]. 北京:中国财政经济出版社,2006.

[119] 宋延山.对工业增加值分配法计算公式的改进[J]. 统计研究,1992(4):80.

[120] 苏冬蔚,贺星星.社会责任与企业效率:基于新制度经济学的理论与经验分析[J]. 世界经济,2011(9):139-140.

[121] 孙刚,朱凯,陶李.产权性质税收成本与上市公司股利政策[J]. 财经研究,2012,4(38):134-144.

[122] 田成诗,盖美.中国地区劳动生产率的空间统计分析[J]. 东北财经大学学报,2004(2):87-90.

[123] 汪平,李光贵.资本成本、可持续增长与国有企业分红比例估算——模型构建及检验[J]. 会计研究,2009(9):58-65.

[124] 王国顺,李长江,张红波.企业微观效率基础的理论研究[M]. 北京:经济科学出版社,2009.

[125] 王化成,王海霞.投资者法律保护与公司金融:一个基于静态与动态视角的文献评述[J]. 财会通讯,2008(5):15-20.

[126] 王化成,朱松梅.公司治理结构与企业分配制度改革——美日企业分配制度改革及对我们的启示[J]. 财务与会计,2004(6):58-61.

[127] 王化成.社会主义初级阶段企业分配模式研究[J]. 财会月刊(会计),2000(20):2-4.

[128] 王化成.企业与资金提供者的分配关系研究[J]. 财会月刊,2000(24):2-4.

[129] 王俊霞,鄢哲明,李雨丹.企业规模视角下国有企业的财政贡献率研究——以西部某省为例[J]. 当代经济管理,2011(10):71-75.

[130] 韦倩.纳入公平偏好的经济学研究:理论与实证[J].经济研究,2010(9):

137-148.

[131] 吴敬琏.收入差距过大的症结[J]. 财经,2010(21):2-4.

[132] 吴联生,王亚平,林景艺.薪酬外部公平性、股权性质与公司业绩[J]. 管理世界,2010(3):117-126.

[133] 夏春,王晓娟,朱永新.中国员工公平感对离职倾向影响的实证研究[J]. 现代管理科学,2006(10):10-12.

[134] 肖海林,王方华.论企业可持续发展的地位与管理范式[J]. 管理学报,2005(2):210-216.

[135] 邢春冰.不同所有制企业的工资决定机制考察[J]. 经济研究,2005(6):16-26.

[136] 徐小红,陈羽,郭正光.Box-Cox变换方法在顾客满意度指数测评中的应用[J]. 统计与决策,2007(7):143-144.

[137] 许成安.公平的内涵及其与效率的关系[J]. 经济理论与经济管理,2007(12):30-34.

[138] 许谨,缪柏其.利率期限结构的主成分分析[J]. 数理统计与管理,2004,23(2):19-22.

[139] 薛跃,韩之俊,温素彬.上市公司财务比率正态分布特性的实证分析[J]. 管理工程学报,2005(2):143-144.

[140] 杨剑锋,刘玉敏,贺金凤.基于Box-Cox幂转换模型的非正态过程能力分析[J]. 系统工程,2006,24(8):102-106.

[141] 杨兰昆,李湛.基于EVA的管理绩效评价方法:应用与局限[J]. 预测,2000(4):59-62.

[142] 杨瑞龙,杨其静.对"资本雇佣劳动"命题的反思[J]. 经济科学,2000(6):91-100.

[143] 杨依山.公平与效率完全兼顾之均衡点存在性研究——格罗夫斯-克拉克机制和迪克塞-奥尔森模型的论证[J]. 财经研究,2009,35(8):129-143.

[144] 尹音频,阮兵.公平与效率:资产证券化的税收政策取向[J]. 财经科学,2007(6):39-44.

[145] 张金昌.中国的劳动生产率:是高还是低?——兼论劳动生产率的计算方法[J]. 中国工业经济,2002(4):34-40.

[146] 张清亮,金鑫.浅析课征增值税出现的误解与问题[J]. 河南统计,1994(9):

9-10.

[147] 张维迎.所有制、治理结构及委托-代理关系——兼评崔之元和周其仁的一些观点[J].经济研究,1996(9):3-15.

[148] 张文贤,邵强进.会计学革命——从物本主义到人本主义的飞跃[J].复旦学报:社会科学版,2001(2):82-87.

[149] 张文贤.高级财务会计[M].上海:复旦大学出版社,2001.

[150] 张先治,甄红线.基于价值的公司治理——股东价值与利益相关者价值的比较[J].财经问题研究,2006(6):31-36.

[151] 张小平,韩立志.关于增值额指标与增值表的探讨[J].石家庄铁道学院学报,1998(3):31-34.

[152] 张秀生,盛见.关于经济效率内涵的分环节探讨[J].生产力研究,2008(3):9-10.

[153] 张永杰,张维,熊熊.投资策略与投资收益:基于计算实验金融的研究[J].管理科学学报,2010(9):107-118.

[154] 张峥,孟晓静,刘力.A股上市公司的综合资本成本与投资回报——从内部报酬率的视角观察[J].经济研究,2004(8):74-84.

[155] 张仲华.影响员工敬业度的薪酬公平因素分析[J].科技与管理,2007(1):43-45.

[156] 赵丽萍.关于企业增值表问题的再探讨[J].财政研究,2002(1):61-65.

[157] 赵平.基于心理预期的高新技术风险投资收益定量分析模型[J].系统管理学报,2009(3):316-319.

[158] 郑国坚.基于效率观和掏空观的关联交易与盈余质量关系研究[J].会计研究,2009(10):68-95.

[159] 中华人民共和国国家统计局.中国统计年鉴2012[M].北京:中国统计出版社,2012.

[160] 中国注册会计师协会.财务成本管理[M].北京:中国财政经济出版社,2010.

[161] 中国注册会计师协会.税法[M].北京:中国财政经济出版社,2011.

[162] 周其仁.市场里的企业:一个人力资本与非人力资本的特别合约[J].经济研究,1996(6):71-79.

[163] 周全林,王乔.我国政府征税规模的公平合理性分析[J]. 税务研究,2006(1):32-36.

[164] 周全林.政府课税公平的影响因素分析[J]. 当代财经,2007(9):35-40.

[165] 周翼翔,郝云宏.从股东至上到利益相关者价值最大化:一个研究文献综述[J]. 重庆工商大学学报:社会科学版,2008,25(5):22-26.

[166] 朱承亮,师萍,岳宏志.FDI、人力资本及其结构与研发创新效率[J]. 科学与科学技术管理,2011(9):38-50.

[167] 朱武祥,杜丽虹.股东价值取向差异与股东利益最大化实践问题——佛山照明案例分析[J]. 管理世界,2004(6):113-122.

[168] 祝继高,陆正飞,张然,等.银行借款信息的有用性与股票投资回报——来自A股上市公司的经验证据[J]. 金融研究,2009(1):122-135.

[169] 祝继高.会计稳健性与债权人利益保护——基于银行与上市公司关于贷款的法律诉讼的研究[J]. 会计研究,2011(5):50-57.

[170] 王化成.财务管理研究[M]. 北京:中国金融出版社,2006.

[171] 李明辉.公司治理模式的趋同化与持久性研究——基于英、美、德、日等国的分析[J]. 经济评论,2007(4):118-128.

索 引

后 记

在终于完成本专著之际，回首这五年的写作历练过程，倍感学之不易、思之艰难。五年来的文献海选查找，研读反思，设计计算，写作推敲，似乎历历在目，心情难以言表，微观层面的财富分配问题的研究只是显现了冰山一角。然而，在专著收笔之际，满满的感谢却溢上心头，本书的完成是在我的导师——大连理工大学秦学志教授——的耐心、全面、悉心指导下完成的。不能忘记我们一次次的讨论，不能忘记秦老师为我提供的参考书目，不能忘记秦老师为我专著提出的数遍修改意见，不能忘记秦老师对我专著题目的最后敲定以及对专著目录高屋建瓴的指导，秦老师学术的严谨、治学的勤勉和为人师表的风范将使我受益终身。同时，还要感谢大连理工大学王雪华教授在我博士就读期间对我的关爱和帮助，她和蔼可亲的待人态度、高效率的工作作风给了我极大鞭策和影响。

本书能够顺利进行并取得一定的创新成果也离不开大连理工大学多位老师的培养和启迪，难忘迟国泰教授投资学课堂上学识渊博地讲解，诚挚地感谢迟国泰教授在我就读期间给予的指点和关注。由衷地感谢李延喜教授在专著撰写期间给我提供的建议和帮助。衷心感谢汪克夷、胡祥培、戴大双、武春友、肖洪钧、朱庆华、王尔大等教授对我的学术专著提出的中肯和宝贵的修改意见。

还要感谢求学期间的同学：博士后杨瑞成，博士生王玥、尚勤、陈田、周颖颖、张康、胡友群、孙晓琳、高瑞、庄平、杜瑞、王阳、郑春燕、张波涛、包世泽、陈克兢、刘伶、王小梅、陈正声，硕士生沈一侠、李静一、王立伟、于虎山、孙燕妮、金婷、任锴、印有策等，每次都占用他们宝贵的时间讨论我的问题，他们的思想火花给了我很好的启迪，让我在学业上不断进步。在专著的数据处理、资料收集、格式排版等方面，他们给了我莫大的帮助，使我的专著得以顺利完成。感谢在大连理工大学会计学综合实验室（大连理工大学创新园大楼 1501 室）共同奋斗过的师弟师妹们！感谢你们的陪伴和鼓励，让我的学术生涯充满生机和快乐，是我一生的美好怀念。

还要感谢我的家人。感谢我的丈夫对我多年求学的默默支持和鼓励，感谢女儿张珊宁、妹妹黄旭英、妹夫王名若对我的殷切期待和理解，正是他们的支持、鼓励、期待和理解给了我追求学术的动力！

当然，还要感谢大连海洋大学经济管理学院院长勾维民、书记刘广东、副院长张瑜、副院长徐保华多年来真心给我的帮助和热心的关注。感谢大连海洋大学经济管理学院会计教研室副主任宋宏丹，她承担了本书大部分计算整理的烦琐工作。感谢大连海洋大学经济管理学院经济学教研室乔翔博士，他多次给我经济学、方法论方面的建议，使我受益匪浅。感谢牟晓云博士对我写作上的提示和计算方法上的建议、商讨和帮助。感谢在我从事写作的过程中爱过我的人们和给我带来“麻烦”的人们，是他们帮助我成长，是他们让我懂得：人一生中所有的经历都是自己的财富。

黄世英

2016年9月